コーチング以前の
上司の常識

「教え方」の教科書

古川裕倫

すばる舎

はじめに

私は、駆け出しの部下教育には、コーチングよりティーチングのほうが効果的であると思っています。

「まずは部下に意見を求めて」

「一方的な教え方はいけない」

このようなコーチング的指導が、ひとつの大切な手法であることは十分わかっています。さらに、「自分で考え、行動する人」を求めることには１００％共感します。そのために、これらの手法が必要なのも理解します。

ただし知識や経験が乏しい部下に、はじめから、

「自分で考えろ」

「自分で気づけ」

と願っても、ほとんどの場合それは単なる願望に終わってしまうものです。

たとえば、

「資料を作って」と言っても、期待したものが出てこない。

「早めに終わらせて」と言っても、なかなか出来上がらない。

「大事なことは報告して」と言っても、ウンともスンとも言ってこない。

あなたの部下が今、このような状態であるなら要注意です。

何もわかっていない部下に「やってみて」と指示したところで、部下は一向にできるようにはなりません。「どのように」が全くイメージできないからです。

この部分を勘違いしている上司が、残念ながら少なくありません。


まずは、とことん基礎から「教える」こと。私は、これが一番大切だと感じます。

何もわからない部下だからこそ、手取り足取り教える。

こちらから説明をして、指示を出して、仕事の基本をイチから教える。

多少、一方通行であっても、この部分が必要不可欠なのです。

「教える」ことで、部下はかならず成長します。これが、どんな手法よりも一番シンプルで、着実に部下が成長するやり方なのです。

誤解なきよう伝えておきますが、いつまでもずっと一方的に教えよと申しているわけではありません。ある一定のレベルに達したら手綱を放して、よき相談相手として意見を求め、リスペクトすべきです。ただその前の段階で「教える」を端折ってはいけないのです。

部下教育で考えなければならないことは、自分が「今、部下からどう思われるか」ではなく、「将来、部下がどう思ってくれるか」です。

私の周りのできる人はみんな、若いときに厳しく教え込まれたと言っています。しかし、今ではそれをとても感謝していると言います。教えている今は、部下から見て「イヤな上司」であっても、将来「感謝される上司」であるほうがいい。私は、これを強く感じます。

本書では、私が今まで30年間実践してきた「教える」テクニックをでき得る限りご紹介しております。とことん「教える」にこだわって書きました。

これから、自信を持って立派な部下を育て、同時にご自身も成長し、悔いのないビジネスパーソン人生を送られんことを心から願っています。

古川　裕倫

コーチング以前の上司の常識「教え方」の教科書　もくじ

第2章

まずはここから！教えるときの「心構え」

第3章

部下がみるみる育つ！基本の「教え方」

第4章

どうしてできない？困った部下の「教え方」

第5章 これで一人前！ ワンランク上の「教え方」

ブックデザイン
小口翔平＋西垂水敦（tobufune）

第1章

なぜ「教える」が大切なのか？

1 コーチングよりもティーチング

「君ならどうする?」で部下が育つは勘違い!

少し前に話題になった、コーチングによる手法の中に、「君ならどうする?」と部下に意見を求め、成長を促すというものがあります。

これは、部下の自主性を伸ばすためには、一見近道のように感じます。

しかし、部下の仕事の熟練度や経験が未熟な段階で、「君ならどうする?」「君はどう思う?」と聞いたとしたら、部下からどんな答えが返ってくるでしょうか。

おそらく、「わかりません」で終わってしまうのがオチではないでしょうか。

仕事の基本すらわかっていない部下に対し、最初からコーチングをするのが本当に部下の成長につながるのかどうか、私は疑問に感じています。むしろ、部下がある程度育つまでは、しっかり「教える」ことが大切だと思っています。時間や労力がかかっても、**はじめにしっかり教えることで部下は育つ**のです。

部下は、教えられることで学び、失敗したり悩んだりする中で、仕事の基本を身につけていきます。それを繰り返すことによって、やっと自分の考えを持てるようになるのです。そこにたどり着いてはじめて、

「君ならどうする？」

という問いが活きるのです。教えられる中で習得したさまざまな選択肢をもとに、はじめて「私ならこうします」「私ならこう考えます」と意見を言うことができるのではないでしょうか。

ですから、まずは「教える」を徹底することが大切です。これがいちばん効率的であり、部下にとっても役に立つと思うのです。

もちろん「教える」ことは、時間と労力を要します。しかしこれは、教えられる側も同じです。多くの時間をかけて、たくさんのことを覚えなければならない。はじめのうちは部下も大変な思いをするでしょう。

しかし、部下は現時点ではわからなくても、将来、感謝してくれると思います。

部下のためにも、まずはとことん「教える」ことを徹底してみてください。

2 「見て学べ」は通用しない

まずは、手取り足取り「教える」ことが必須！

コーチングに対する疑問を呈しているからといって、昔の徒弟制度のような教え方を推奨しているわけではありません。

今や、終身雇用や年功序列の制度がだんだんと崩れ、実力が勝負の時代へと変化しています。また、人材の流動化も激しくなってきています。

そのため「俺の背中を見て学べ」「技術は見て盗め」などという徒弟制度のような教育は、もう機能しなくなっているのです。

昔は、キャリアパスが見えていました。たとえば、入社後だいたい6〜8年経ったら係長になり、その後5〜7年で課長になる。そして、退職まで何年あるかや、おおよその生涯年収や退職金の金額までわかっているような状況でした。

このような時代においては、上司と部下の関係もある程度先まで見えていたので、「見て学べ」で教えることが成り立っていたのです。

しかし今は実力時代であるため、年功序列のようなわかりやすさがなく、キャリアパスが見えにくい。新入社員も中途社員もあまり違いがなく、会社を短期間で辞める人も多い。このような、入れ替わりが激しい時代においては、ただ「見て学べ」では部下は育ちません。

仕事の全体像を教え、入口まで導いてやらないといけないのです。ここを徹底しておかないと、部下の成長は望めません。

これは、子どもに自転車の乗り方を教えるのに似ています。

自転車に乗っている人を見て、「勝手に覚えろ」と子どもに言っても無理です。やはり最初は、後ろから自転車を支えてやって、少し自走できるようになったら、タイミングを見て手を離す。そういう導きが必要なのです。

書類の作り方にしろ、仕事の進め方にしろ、顧客への営業にせよ、最初は手をかけて導いてやること。まずは、目的やプロセスを説明して、結果を見せてやることです。

そのためには、**多少一方通行であっても、必要な説明は全部行いましょう**。そして、質問をしてわかっているかどうか確認しましょう。

このように時間を割いてもしっかり「教える」ことが重要です。

3 「新人のタイプ」は関係なし

どんな部下でも「教える基本」は変わらない

最近、「草食系男子」や「肉食系女子」などと呼ぶのが流行りました。

いつの時代も「今年の新人はこういう傾向がある」と言いたがる日本の文化に、私は大きな疑問を持っています。このようなことはリクルート会社や研修会社の仕掛けであり、マスコミがおもしろおかしく取り上げているだけだと思います。

振り返ると、１９８０年代の新入社員は、「新人類」と呼ばれたことがありました。当時の常識では考えられないような新人が入ってくるので、それなりの対応を会社がしなければいけないと思われるような滑稽な風潮でした。

しかし、「新人類」も今や会社を支える立派な社員であり、その前の世代の人間と全く見分けがつきません。おそらく、草食系も肉食系も、ちょっと時間が経てば本来は普通の人たちであることがわかるでしょう。

確かに、景気不景気の循環や社会情勢によって、時代の価値観の違いはあります。

不景気が続けば、安定を求める人が増え、業種による人気の変動は十分考えられます。しかし、毎年呼び名が変わるほど、新入社員の質や考え方はコロコロ変わるものではないのです。

社会人のマナーを知らない人に基礎から教える。

学生気分が抜けない人に自立を求める。

仲良しグループにどっぷりと浸かってきた学生を、組織で働ける人にする。

このような新人教育は、昔から変わらずにあるものなのです。多少の違いはあれど、人が人を育てることの本質は、時代においてそんなに変わらないのです。

むしろ、今年の新人はこんなタイプだからこうしなければいけないだとか、最近の若手はこうだから教育する側がこうでなければいけないだとか、**相手に合わせることに気を取られていることこそが最大の問題**ではないでしょうか。

教える側がしっかりと信念を持ち、相手がどんな人であれ、軸をぶらさずしっかりモノ言うことこそが、教育に大事な姿勢なのです。

4 手法はひとつに絞る

いち早く「一人前の部下」へと育てるために

今の会社の部下教育には「効率」が求められると思っています。

早く成長させ、「一人前」にさせる。これは、会社に貢献できる人間が増えるということでもあります。

しかし、もちろん効率のことはわかっていても、部下の自主性も高めたいし、モチベーションも上げたいし、こちらも気持ちよく教えたいものです。そして、（現実問題として一番の本音なのでしょうが）教える方は部下から嫌われたくはありません。

しかしその一方で、徹底的に教育しなければならないというのもあり、すべてを一度にしようとすると部下教育は本当に大変なことになってしまいます。

また、こんな話もあります。

ある人はコーチングが一番と言い、ある人は部下のタイプを見極めて個別対応することが必要と言い、さらには今年の新人の特徴に合わせて教えなければいけないと言う人までいる。

そんなことを一度にできるわけがありません。これらすべてを同時に叶えることなど不可能なのです。

たとえば、自分が家を買うとして、「一戸建て」「新築」「広い」「静か」「安い」「安全」「庭がある」「交通の便がいい」……などの条件をいっぺんに叶えることはできるでしょうか。これは、不可能です。

交通の便がいい家がよければ、狭くても家賃が多少高くてもいい。広い家がよければ、駅から遠くても築40年でもいい。このように、どれかに的を絞らないと決まるものも決まらないのです。

部下教育もこれと同じで、あれもこれもと考えると、自分の軸がぶれるだけでしっかりとした教え方などできないのです。

効率を求めるために、あれこれと手法を試したくなるのはわかりますが、**軸をひとつに絞って教えることが一番の効率につながる**ということを覚えておきましょう。

5 教えなければ気づかない

「気づくまで待とう」では一向に成長しない！

部下に「気づかせる」ことは、あなたの役目です。

「自分を高めて、会社に貢献すると、結果が自分に返ってくる」ことを教えるのです。

昔は「自分を高めて、会社に貢献せよ」で終わっていました。

しかし、今はそれだけでは不十分で、最も大切なのは最終的には自分に返ってくることを理解させることなのです。

研修などで、「誰が給料を払ってくれていますか？」と聞くと、大抵は「顧客」という答えが返ってきます。

「では、誰が給料の金額を決めていますか？」と聞くと、「上司」だとか「会社」という答えが多く返ってきます。

さて、本当にそうでしょうか。

自分の実力を高めて、会社に貢献すれば、ボーナスは普通増えるでしょう。会社に貢献している人であれば、昇進も早く、もっと大きな仕事を任されることになるでしょう。

ですから、給料の金額を決めているのは「自分」なのです。

確かに、個人の評価をするのは上司であり、給料は会社の制度などによって決められています。しかし、自分を高めるかどうかは個人により、貢献するかどうかも自分の考え方次第なのです。

これをちゃんと教えてあげないと、部下は気づかないものなのです。

「自分を高めて、会社に貢献すると、結果が自分に返ってくる」

このことを理解したら、部下は勝手に勉強するようになります。自分から動くようになります。私は、若手から中堅まですべての方にこのことを申し上げています。

よく居酒屋などで「オレの給料安くてね〜」とグチる、わかっていない若手を見かけますが、いい歳をした中堅社員が同じことを言うようでは極めて情けない。部下に教える立場なのですから、あなた自身がまずこれを理解しておくことです。

加えて、もうひとつ。

部下に基本が身についたら、教えてほしいことがあります。

詳しくは、第5章でお話ししますが、今求められる人材とは「**自分で考え、行動する人**」

です。

若手は、すぐに答えを知りたがり、自分で考えずに周りに正解を求めがちです。

しかし、仕事は無限の可能性がある代わりに、何が正解かはわからないものです。経営者が下す決断であっても、いくら調査をしても、必ずこうなるという絶対的な答えがあるわけではありません。

不確定要素がある中で決めるので「決断」と言うのです。結果が必ずこうなるとわかっているのなら「決断」ではなく、単なる業務遂行です。だから、自分で考えさせ、自分の意見を持たせることが必要なのです。

さらに、若手ばかりに限りませんが、考えてはいるが行動しない人が多くいます。人は行動するより、やらない理由を述べている方が楽なのです。行動に移せば、成功する可能性はありますが、逆に失敗する恐れもあるからです。

やらずに能書きを言っているだけでは、目に見える短期的失敗はありません。しかし、行動しないと、だんだんじり貧になり衰退していく長期的失敗が待ち構えていることを、教えてあげてください。

イチから教えることが必須!

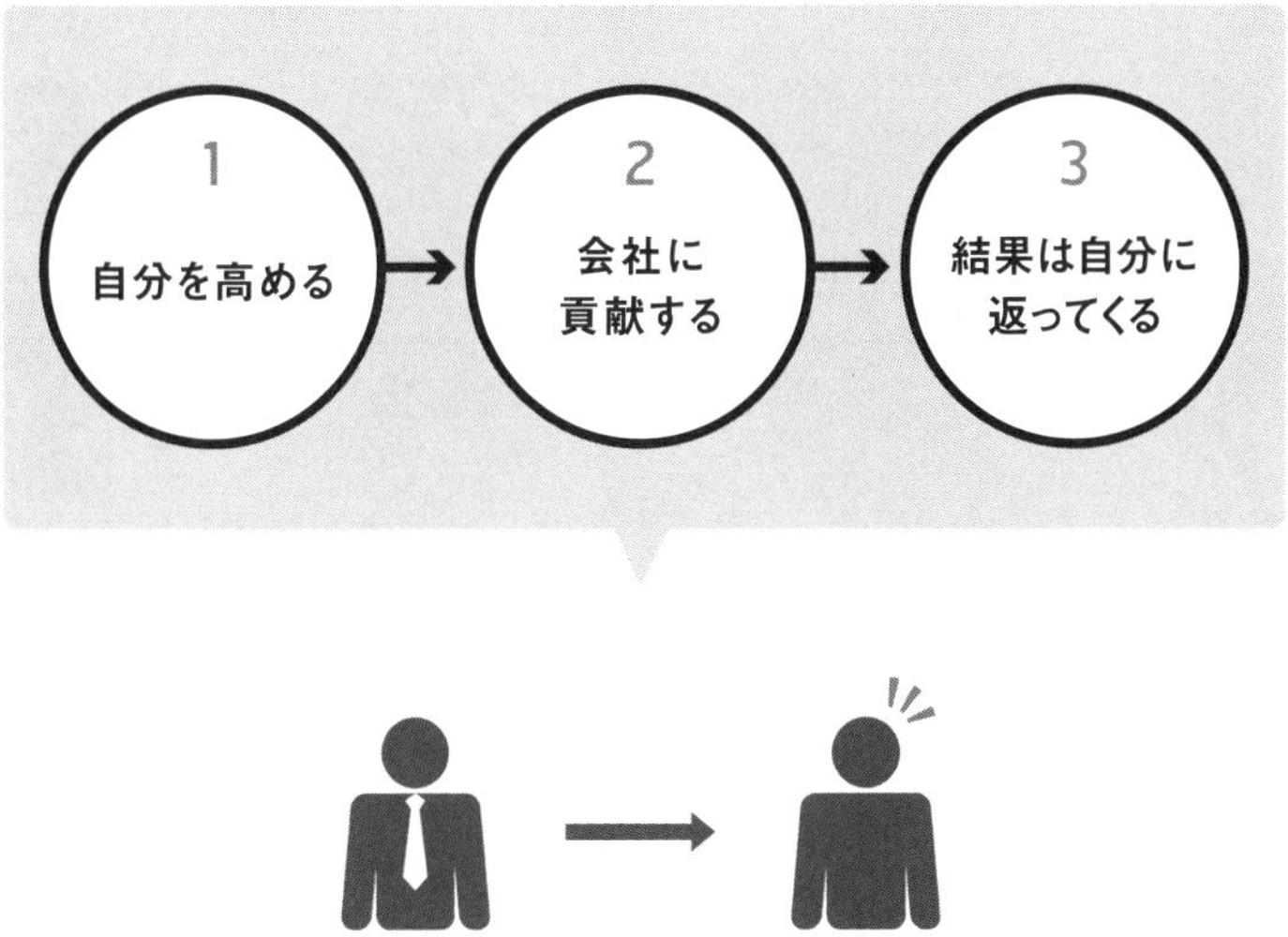

部下に“気づかせる”ことがあなたの役目

6 「いい仕事」は志で決まる

知識やスキルの前に教えておきたいこと

業界知識をつけたり、業務能力（理解能力、分析能力、説明能力、判断力、行動力など）を磨かないと、いい仕事ができないことは間違いありません。ただ、それだけでは部下の成長にはつながらないのです。

「大きな志を持たせる」ことが必要となります。

大きな志を持っている人は、「いい仕事」を「早く」「不屈の精神で」します。一方で、志が小さい人は、目先の仕事だけをチャラチャラと済ませようとします。

ヨーロッパの有名な話です。

道で同じ作業をしている3人の職人に、旅人が声をかけます。

「あなたは何をしていますか？」

最初の職人は、「レンガを積んでいます」と答えました。

2番目の職人は、「壁を作っています」と答えました。

最後の職人は、「後世に残る教会を建てています」と答えました。

誰の志が一番高いかおわかりですね。最後の職人は、他の職人よりも大きな志を持って仕事をしています。同じ作業をしているのに、人によって志の大きさがこんなにも違うのです。

それではこの3人のうちで、誰が一番質の高い仕事をするでしょうか。

誰が一番迅速に仕事ができるようになるでしょうか。

誰が一番責任感があって、困難に直面しても最後まで業務を立派に遂行するでしょうか。

大きな志とは、**自分や組織だけの短期的満足を求めることではなく、社会や世間に長期的に何をもたらすことができるか**を考えることで、答えが出てきます。

多くの会社の「ミッション」（社是）がその代表です。（ホームページによく書かれているのですが、自分の会社の社是を知らない人が多いのには驚きます……）

大きな志を持つ意味は、「志が大きいと、いい仕事ができる」もっと言うと、「志が大きいと、いい人生が送れる」のです。

これは、教えてあげなければ、部下が自分で思いつくはずがありません。

次項に述べる仕事の喜びも踏まえつつ、大きな志を部下と共有することです。

7 「仕事の喜び」を実感させる

「やった！」「うれしい！」が成長へのカギ

どんな仕事にも「仕事の喜び」があります。

飲食業であればお客様に「おいしい」と言ってもらうことであり、小売業であれば「いい買い物ができた。ありがとう」と言ってもらうことです。

メーカーでは、自分の関わった製品に満足してもらうことです。

たとえば、鉄鋼メーカーの製品は、自動車会社で自動車となり、その自動車は最終的にお客様の元に届きます。直接お客様に届ける製品でなくても、最後にはお客様に喜んでもらうことができるのです。

サービス業であれば、自分たちのサービスを使ってもらい、お客様の笑顔を見れば、それだけでうれしいものです。

このように、すべての仕事には「喜び」があるのです。

そして、その気になれば、どんな小さなことにでも喜びを感じることができます。

100歳の現在も医師としての活動を続けていらっしゃる、聖路加国際病院の日野原重明先生はこうおっしゃっています。

「人様には運動を勧めているが、自分は日々忙しく運動不足である。地下鉄に乗ったら、ホームから上がってくるときに、階段を上る。そのときに、隣のエスカレーターをチラッと見て、『あの女性より早く上に上がるぞ』と目標設定をして、駆け上がる。上に上がったら横を見て、『やった』と満足感を味わうのです」

日野原先生は、このようにして日々の満足感を味わっておられるのです。

つまるところ、**仕事の喜びも、行き着くところは満足感であり達成感です**。それは、何も大きなものでなくても構わないのです。日々の小さなことに対し、満足感や達成感を味わうことで、仕事の喜びを感じることができるのです。

基本を教えるときには、ぜひ仕事の喜びを教えてやってください。ただ仕事を教え込むだけでは、部下は成長しません。満足感や達成感を感じさせることが大切です。

まずは一度ゆっくり、部下と「仕事の喜び」について語り合ってみることです。

⑧ 「教える」は公私で役立つスキル

部下教育だけではなく、子育てにも活用できる

部下教育は、家庭でも活用できます。

仕事だけが人生ではなく、家庭も大切にしたいと思う人が多い世の中になりました。たいへん結構なことだと思います。私が申し上げたいのは、仕事から学んだことで家庭でも活用できることは山ほどあるということです。

まず、会社には方針や計画がありますが、これを家庭でもやることです。結婚することや子どもを持つことは義務ではありませんが、できた子どもを育てることは法律的な義務となります。

まず子どもが生まれたら、どのような子どもに育てたいか（会社のように）方針を立てることです。方針を立てたら、ぶれることなくそれを実行することです。

たとえば、「嘘をつかない子どもに育てる」のであれば、親も子どもに対して正直であり続けることが方針となり、実行すべきこととなります。

私の場合は、「早く独立できる人に育てる」という方針を立てました。福沢諭吉先生の「個人の独立なくして、国家の独立なし」という教えがヒントでした。

何度か悩んだこともありましたが、この方針を貫くことで、迷ったときにも判断が容易にできました。

たとえば、娘の中学受験。将来的に大学受験をしなければいけない学校と、もう一方はそれが不要な学校がありました。

当初、娘と妻は、やはり大学受験がないのは助かるとの意見でした。しかし、「早く独立できる人に育てる」という方針は何度も家族で共有していたので、この観点から見て、どちらを選ぶべきかを考えました。

結果、私は前者をとりました。当初、娘はこの学校になじめなかったこともあり、しばらくは私の判断に対する小言や弱音を聞くこととなりました。しかしその後、大学受験というヤマをなんとか乗り越えることができ、就職したとたんに自宅を出て一人でアパート暮らしを始めました。無事、「独立」にこぎ着けたのです。

方針を決め、ぶれることなくそれを実行する。これは、まさに仕事で学んだことです。

他にも、会社のことをたくさん活用しました。

私は、普段から自宅への帰りが遅く、昔型サラリーマンの典型でした。

そこで、月に一度家族で外食することにしました。家では、テレビがあり、子どもが自分の部屋に戻ってしまうと話ができない。なので、外で時間を持つことが必要でした。

何を話したかですが、ここでも会社で学んだことばかりです。

「ホウレンソウとは何か」「計画とは何か」「報告書とは何か」「リーダーシップとは何か」「なぜ遅刻がいけないのか」「口約束は守れ」など、ビジネスでは基本のことを、子どもにも教えました。

話を戻しますと、部下を教育することに精通すれば、子どもの教育も簡単です。幸せな人生を送るべく、仕事を通して学んだことを活用し、家庭生活も充実させてください。

昔、会社の先輩にばったり出くわしたときに、「子育ては難しいですよね」と私が聞いたら、「何を言っているのか。20数年、家庭や環境の違うところで育った部下より、ゼロ歳から一緒に住んでいる人間を育てる方が易しいに決まっているだろう」と言われました。

部下を育てることができれば、子育てはそれよりは簡単なもの、なのかもしれません。部下を育てながら、家庭でもそれをぜひ活かしていただきたいと思います。

仕事外でもとことん活用!

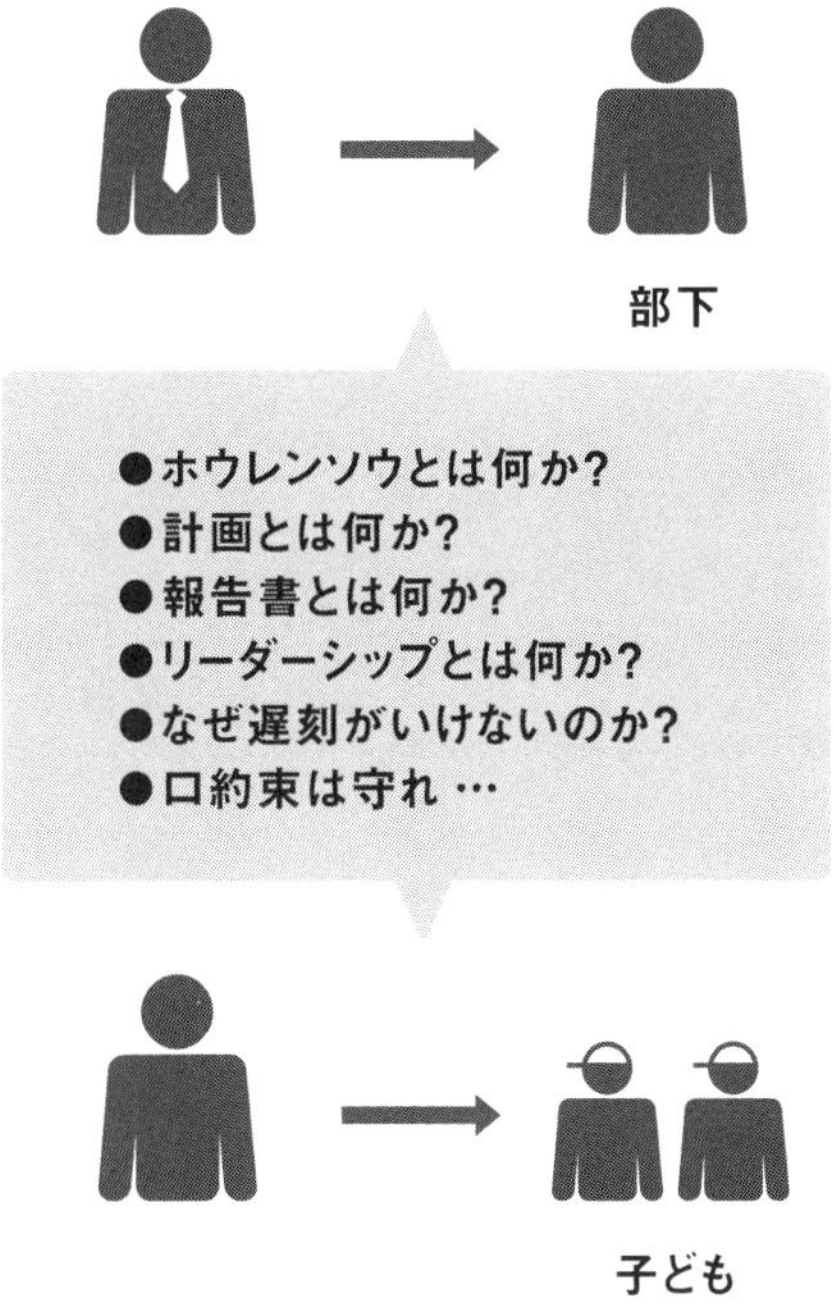
部下
●ホウレンソウとは何か?
●計画とは何か?
●報告書とは何か?
●リーダーシップとは何か?
●なぜ遅刻がいけないのか?
●口約束は守れ …
子ども

“教える”技術は公私ともに必須!

9 はじめのうちは「躾」が大事

「そこからですか!?」を教えることが第一歩

部下教育は子育てにも通じるとお話しましたが、部下も子どもも躾がとても大切です。

昨今、多くの家庭で子どもに対する躾ができていません。そして、多くの家庭は学校にそれを求め、躾というボールを学校にパスするのです。

学校は学校で、教育委員会やモンスターペアレンツを恐れるためか、しっかり躾をしないで、それを会社にパスします。

すると、その結果、会社の新入社員研修では挨拶やお辞儀などの基本から教えなければならないのです。とても嘆かわしいことです。

私の家の近所に幼稚園があります。午後3時ぐらいにそこを通ると、迎えの母親のほぼ全員が、子どものカバンを持ってあげています。園児用のカバンは、(当たり前ですが)小型で子どもが自分で背負えるようになっています。しかし、それを母親が持ち、子どもは手ぶらで母親と一緒に帰宅します。

また、電車でもこんな光景を目にします。

小学生を座らせて、親が立っているのです。一席しか空いていないとき、師匠と弟子がいたら師匠が座るでしょう。上司と部下なら上司が座り、先輩と後輩なら先輩が座る。当たり前のことです。ですから、親と子どもなら親が座るべきです。

先日、私の隣の一席が空いたところへ、母子が乗ってきました。案の定、子どもを座らせました。そうしたら、向こう横の20代の男性が「どうぞ」と立ち上がって席を譲り、そこに母親が座りました。母親は、立ち上がった男性には軽く会釈しただけで、座ったとたん、自分の子どもに「よかったね〜」と大きな声で言うのです。

あまりのバカ光景が嫌になって、私が立ち上がったら、「大丈夫ですよ2人ですから」と言うではありませんか。「2人しかいないことぐらいわかっとるワイ」と内心思って、知らん顔して立ち去りました。

年寄りの小言のようですが、躾はちゃんとするべきです。

誰しも自分の子どもがかわいいのはわかります。親バカ程度は許せますが、しかし、バカ親ではいけません。

子どもには、「カバンは自分で持つもの」「こういうときは親が座るもの」と一つ一つ教えなければなりません。**自分で思いつくはずがありませんので、これは躾として教えるべきことなのです。**

私はたまに頼まれて大学で話をするのですが、「質問があれば言ってください」と冒頭で言い、途中でも「ここまでいいでしょうか？　質問はありませんか？」と聞くのですが、学生は自発的にウンともスンとも言わない。では、私のメールアドレスを黒板に書いて「何かあれば後で連絡をください」と言うと、驚くほどたくさんのまともなメッセージがくるのです。

そういうことを経験したので、最近は冒頭でこう申し上げています。

「みなさんもうすぐ就職ですね。会社の会議で黙っていて、後で私は反対ですと言っても誰も認めてくれませんよ。『なんで会議で言わないんだ』と言われるだけですよ」と。

すると、何人かは手を挙げて発言します。こういうふうに、教えてやらなければいけないのです。ここまで言わないとわからないのです。

部下教育も同じです。上司たるみなさんに同情しますが、これはいたしかたないことなのです。

まずは、躾もままならない部下であることを頭に入れた上で、しっかり教えましょう。

第2章

まずはここから!
教えるときの「心構え」

1 遠慮はしない

「今嫌われる」ことを恐れず「将来感謝される」人になる

先に触れましたが、部下に嫌われたくないと思っている人が随分多いようです。

部下に遠慮して、教えるべきことも教えず、言いたいことも言えず、顔色をうかがって気を遣ってしまう。

確かに、誰しも人から嫌われたくはありません。しかし厳しいことを言うようですが、嫌われたくないのは自分であり、これは自分のことを第一に考えているだけなのです。

「今嫌われたくない」と自分のことしか考えていないようなら、それは教える者の職務放棄です。これでは将来、「あの人はどこにでもいるような頼りない上司だった」と思われるだけです。

「今嫌われても、教えることに注力する」という意識を持って、後々感謝される上司となることです。これは自分のことではなく、相手のことを第一に考えています。

私も新入社員の頃は、厳しくてひどい上司に巡り会ったと思いました。しかし、それは大間違いでした。数年して一人前になったときよくわかったのです。それから私はずっと大感謝しています。これを言うのは私ばかりではありません。多くの人がそう感じるようです。

ですから、教えるときには、へっぴり腰ではいけません。部下と真正面から向かい合うことです。**部下のためになるのは「言うべきは言う」「叱るべきは叱る」ことです。**

決して自分のために教えているのではないのです。部下の成長のためです。

以前、ある人からこう聞かれました。「仕事を指示したり、叱ったりすると部下にイヤな顔をされる。なので仕事を頼むことを躊躇してしまう。どうしたらいいでしょうか？」

答えはズバリ、遠慮は無用。仕事を与えたり、叱ったりするのは、部下のためなのです。今は鬼と言われて後々感謝されるか、今は優しいお兄さんと思われて後々ただの人と言われるか、どちらがいいですか。

前者は会社に貢献していますが、後者はしていません。前者は切磋琢磨できて自分も成長しますが、後者は自分の成長がありません。

教えることは、結果として自分も一緒に成長できるのです。

「今嫌われても、教えることに注力する」ことを心得ましょう。

2 ポジティブ目線で

「アラ探し」よりも「いいところ探し」

人のいいところを、認める。

人のいいところを見て、育てる。

上司には、そういうポジティブな思考が必要です。

「あいつはここがダメ」「あいつに言ってもわからない」というネガティブな気持ちだと、自分も笑顔がなくなり、教えることが面倒くさくなってしまいます。その上、教えるときの行動力もなくなりますから、「こういう教え方はどうだろうか」という発想も湧いてきません。

私のメンターの言葉に、「前向きに、明るく、逃げず、知ったかぶりせず」というものがあります。これは、仕事に対する姿勢ですが、部下教育も同じです。

「後ろ向きに、暗く、逃げ、知ったかぶりする」ようでは、部下のモチベーションが下がることは間違いありません。部下が学ぼうという気持ちにならないばかりか、どんどん落ち込んでいってしまいます。

昔活躍した方々の幸福論なるものを読んでみると、共通する部分が3つあります。

1つ目は、「志が高い」こと。

2つ目は、「自ら一歩前に出る」こと。

そして3つ目は、「自分のものの考え方次第」ということです。

先のメンターがいつも引用する、長州藩の高杉晋作と野村望東尼《ぼうとうに》の言葉に、このようなものがあります。

「おもしろきこともなき世をおもしろく、すみなすものは心なりけり」

世の中がおもしろいかおもしろくないかを分けるのは、自分の心であり、考え方次第ということです。

これは部下教育においても同様です。ネガティブに考えれば、どんどんネガティブな教え方になっていきます。しかし、**少しでも部下のいいところを見つけて、ポジティブに考えることができれば、前向きな教え方になります。すると部下も、前向きに成長していくのです。**すべては、あなたの考え方次第なのです。

まずは、あなたがポジティブに腹をくくって教えることです。

3 自分も成長する

バカにされる上司、されない上司の違いとは？

上司が成長する気持ちがないと、部下は成長しません。

部下は、あなたが思う以上に上司のことをよく見ています。

部下同士が集まれば、間違いなく上司のことを話しています。それぞれが見た上司の行動や言葉などを語り合っているのです。こちらがお願いもしていないのに、知らず知らずのうちに情報交換しているのです。

ときには、思い込みやバイアスがかかって、いいことをしていても悪く見られたり、言われたりします。さらには、顔や口には出さなくても、内心バカにされている上司がたくさんいるのです。（本心から理解をしてもらっているか、相当人間力の高い上司で尊敬を受けていれば別ですが……）

ですから、バカにされないだけのモノを持っていなければなりません。

バカにされることなく、信頼され、尊敬される上司になるために、「自分の成長なくして、部下の成長なし」ということをぜひ覚えておきましょう。

上司の知識やスキルが未熟であったり、新米上司であっても、バカにされない大事な要素、それが「自分が勉強して、成長しようとしているかどうか」なのです。

駆け出しの上司であっても、成長しようとしている姿を見れば部下は上司をバカにはしません。

冒頭にも書きましたが、部下はあなたのことをしっかり見ています。

あなたが勉強しているかどうか、成長しようとしているかどうか、そんなことはすっかりお見通しなのです。

私にも、メンター（あの人のようになりたいと思う心の恩師）が3人います。

60代が1人と、70代が2人です。どの方も日々読書をされ、多くの人と語ることによって人からも学ばれています。そういう姿勢だからこそ立派なメンターであるとも言えます。

人間の成長には限りがありません。

部下は「自分の鏡」です。

成長を求めるのなら自分も成長することです。

4 見本を見せる

とくに若手リーダーは「行動力」を率先垂範！

上司が率先して見本を見せないと、部下は動きません。

まずは、自分がやってみせること。これを率先垂範と言います。

先に、正直な子どもを育てたいなら親が正直でないといけないと申し上げたのも、部下を成長させたいなら自分がまず成長しなければならないとお伝えしたのも、率先垂範のひとつの例です。

かつて、日本海軍の連合艦隊司令長官、山本五十六は、「やって見せ、言って聞かせて、させてみて、褒めてやらねば人は動かじ」と言いました。

軍隊でもこれほどしないと部下は動かないということです。

おわかりのとおり、最初の部分の「やって見せ」が率先垂範です。

上司が見本を見せるべきことはたくさんありますが、その中でも特に、「行動力」を率先垂範してほしいと思います。

あなたの周りの上司で、「いいことは言うが、行動力に欠ける人」はいませんか。

私はいろんな会社について見聞きしてきましたが、このタイプが実に多い。歴史の長い会社、政府系に近い会社、規模の大きな会社、儲かっている会社など、変化することに敏感でない会社では、このような人がたくさんいるように感じます。

しかし、これでは会社の成長は望めません。

特に、初めて部下を教える立場の人、すなわち若手リーダーは何をウリにすべきか。

ベテランリーダーは、経験と知識に基づく決断力が求められますが、若手リーダーは経験も知識も乏しい。若手リーダーは、ベテランと同じような土俵では戦えないし、それを望むのもおこがましい。ベテランと同じようになるのはそもそも無理なのです。

若手リーダーに求められているのは、元気で、タフで、現場のことを一番知っている、つまりは「行動力」のあるリーダーです。 だから、行動力を率先垂範する上司であってほしいのです。

聖人君子であれとは言いません。後で説明しますが、失敗も間違いもするリーダーでいいと思います。しかし、元気さもあり、行動することをしっかりと部下に見せていくリーダーであるべきです。

5 失敗を恐れない

不安があってもお互いに「大丈夫です！」で始めよう

部下教育では、自分の失敗を恐れてはいけません。

また、部下の失敗も恐れてはいけません。

誰でも失敗はするものです。それどころか、失敗しないと成長はないのです。

会社で新しい事業を起こそうとするとしましょう。上司は「大丈夫か？」と聞き、それに対して「大丈夫です！」と答えるのが礼儀です。「大丈夫か？」に対して「大丈夫だと思い、い、い、います」ではいけないのです。「大丈夫です！」と言い切る必要があります。

もちろん、任せる上司にしても、部下にしても、不確定要素はあるものです。誰も将来のことを言い切れる人などいないのです。

ですから、結果は別にして、事業を始めるときはお互いに「大丈夫です！」と言い切っておくことが必要です。不安はあるでしょうが、失敗を恐れていては新しいことなどできません。

実際、あなたも今までに仕事で失敗をしたことがあるでしょう。だからこそ部下の「許せる範囲内の失敗」をよしとすることです。

ある会社のオーナーが、「自分は、昔は失敗をたくさんした。若気の至りであった」とおっしゃっていました。しかし、自分の息子に事業を継がせたとたん、「あれはいかん」「これにはこういうリスクがある」と息子の失敗を認めない人になってしまいました。

自分が失敗を通して成長してきたのなら、息子にもそれをさせる度量が必要だと思いませんか？

そのためにはまず、何も隠すことなく「自分も失敗することがある」と部下に言うことです。そして、部下が失敗してもいいと思って教育することです。**自分の失敗を部下に語り、部下の失敗も同じように認めてあげる。**これが必要です。

みなさんは、ここでいう失敗が、会社がひっくり返るようなリスクであるか、かすり傷であるかは十分判断できると思います。

念の為に申し上げますが、怠慢と失敗は違います。怠慢は大いに叱るべきです。しかし、誠意をつくした失敗は受け入れなければなりません。部下の失敗には、「結果はこうなったが、プロセスはよかった」とのエールを送ってあげることです。

6 己を責める

「相手が悪い」ではなく「自分の何が原因か?」

人は誰しも自分がかわいく、他人には厳しいものです。

他人のことはよく気がつくのですが、さて自分のことになると気がつかない。

教える上司も同じです。自分は正しく、部下がおかしいと思いがちです。

私が体験した話ですが、部下を5人持つある上司は、知識と経験が豊富でしたが、どの部下も「あの上司はダメだ」と口癖のように言っていました。しかし上司の方は、自分がおかしいとは全く思っていませんでした。

あるとき、その部下のうちの4人に会う機会がありました。私から見れば、どの部下も立派なビジネスパーソンであり、考え方も平均を遥かに上回るすばらしいものでした。そんな能力のある部下4人が「ダメだ」と言うのですから、やはりその上司がおかしいのです。なのにそれを受け入れようとしない上司は、間違っています。

他責と自責という言葉をご存知かと思います。人の話を聞かない部下が悪いというのが他責、部下に響かない話しかできない自分が悪いと考えるのが自責です。**同じひとつの出来事でも、人のせいにするか、自分事として考えるかの違いです。**

仕事にはいろんな要素が複雑に絡み合っていますので、瞬時に原因を突き止めるのは難しいものです。しかし、いくつもの要素をときほどいて考えることが必要となります。

「彼はいつも仕事を間違う」

「彼の作った資料のせいで、プレゼンに失敗した」

「彼の態度が悪いから、商談は成立しなかった」

という他責の捉え方しかしない人に成長はありません。そうではなくて、

「自分の依頼のしかたに問題があった」

「自分も資料をよく確認していなかった」

「自分がもう少しフォローすべきだった」

と考えて、自らの何が原因かを求める必要があります。

教える立場として、しっかりと方針を説明しているか、期待していることを伝えているか、やるべきことをすべて果たしているか、まず自分のことを考えましょう。「相手を責めずに己を責めよ」を心得ておいてください。

7 事を責める

「誰がやったか」ではなく「なぜ起こったか？」

過ちや失敗は、誰がやったかではなく、事柄そのものを責めるのが人を教える基本です。

たとえば、遅刻。

遅刻をする部下自身を責めるのか、遅刻という行為を責めるのか。確かに、遅刻を犯す部下には、自己管理ができていないので二度としないように反省してもらう必要があります。

しかし、ここで「お前が悪い」と言うと本人も落ち込むでしょうし、「あんたもたまに遅刻するじゃないか。他の人だってときどき遅れるじゃないか」となってしまいます。だから「遅刻はいかん」と行為そのものを叱ることが重要です。

「遅刻はいかん」とすれば、それは社内の誰にでも適応されます。この方が常識的であり、誰もが理解しやすいでしょう。

優秀な会社は、失敗から学ぶことをしっかりやります。そのために風土ができています。

まずコミュニケーションがよいので、問題や失敗もすぐに下から上に上がってきます。現場がもみ消したり、報告が途中で止まったりしません。そして、人を責めないのです。誰がしたかを問題とせず、なぜ起こったかを徹底検証します。そして、それを社内で共有して再発防止に努めます。

かたや、未成熟な会社は、犯人探しに躍起になります。コミュニケーションが悪いので、過ちや失敗の大元がなかなかわからず、「誰がこんなことをしたのか？」と犯人探しに心血を注ぎ、結果犯人がわかったら犯人を責めるのが精一杯となるのです。

何度言っても部下は同じ間違いをしたり、気がつかなかったり、教える側の腹が立つ気持ちはわかります。しかし、ここで**人間が人間に当たってみても解決しない**のです。

「人を責めずに事を責めよ」これを肝に銘じておきましょう。

事を責めるのですから、何度責めても、ときには大きな声を出して「遅刻はいかん！」と言ってもパワハラなどの問題はないのです。

8 部下を信じる

「わからない」「できない」のは、わざとではありません！

部下を心から信じなければいけません。

どんな部下でも、1週間も一緒にいれば、上司が自分のことを信じているかどうかわかるものです。

「これやっていいですか？」という部下の質問に、意識せずに「ああ、ちょっと待って」などという普段の会話がなされていますが、そういう言葉や行動からすぐわかるものなのです。

私は道を歩いている人も含めてすべての人を信じなさいとは言っていません。毎日職場を共にしている部下からまず信じなさいと申し上げています。

多くの起業を成したことで有名な渋沢栄一氏は、

「自分が相手を疑いながら、自分を信用せよとは虫がいい話だ」

と言っています。

教える人から信頼されなければ、部下は成長しません。

その第一歩は、まず上司が教える相手を信じることです。

部下が「はい、わかりました」と言ってもわかっていない。「はい、やります」と言ってもできていない。そういうことなど、はじめは往々にしてあることです。

ウソをつこうとしているのではなく、わかったつもりになっているだけ。正しくやろうとしているが、スキルがまだ伴っていないだけなのです。相手のことを信じて接していくと、相手も「実はよくわかっていませんでした」「格好をつけてしまいました」と腹を割って話してくれるでしょう。

自分が信じて正直に接すれば、相手もそうなります。

信じて裏切られたくないと言う人の胸の内もわからないではありません。確かにそういうこともあるでしょう。しかし、少しくらい後輩にだまされてもいいではありませんか。人をだますより、だまされた方がいい。私はそう思っています。

まずはあなたから信じること。それを覚えておいてください。

9 部下を認める

完璧を求めず、できるようになったところから

自分が人から認めてほしいように、部下も上司から認めてほしいものです。

ただし、「一人前になって、すべてができるようになったら認めてやろう」では遅すぎます。部分的にでもできるようになったことは、

「ここはできているな」

「ここは大丈夫だな」

としっかり認めることです。

ときどき、人を部分的に見てすべてを語ろうとする人がいます。

人を見るときには、十把一絡げで判断するのはいけません。「数字に弱いから、あいつはダメだ」「目先しか見えていないから、あいつはまだ使えない」など「一を見て十を知る」のようなことを決して言ってはいけません。

これは人間として相手に失礼千万です。もし、教える人が聖人君子のようにスキルも人

間力も超人的であるならまだわかりますが、たとえ先輩であっても普通の人間が人様をそのように言うのはおこがましいことです。

私の経験でも、そのような中間管理職は何人かいましたが、だいたいこういう人たちは周りから尊敬されていません。

そもそも完璧な人など一人もいません。中間管理職であってもトップであっても、人には良いところも悪いところもあって当たり前なのです。

ですから、部下に対し、**できているところはしっかりと認めて、できていないところは「これからだ」と言ってあげる**ことです。認めると、部下のモチベーションはどんどん上がります。

また、教える側が自分の度量を認めるのも大事なことです。

これは、「己の身の丈を知っておくべき」ということです。

「ここは自分も得意ではない」「プレゼンは自分もうまくないんだが」と、自分のできないことを認めておきましょう。自分のダメな部分を認めるのは勇気がいることですが、完璧な人などいないのですから、隠す必要などありません。

部下を認めることはもちろん、今の自分もしっかり認めてください。

10 待つのも仕事

「時間がかかる」のは最初のうちだけと心得る

仕事において、「任せてもらうこと」が一番モチベーションが上がります。これは、いろいろな場面で多くの若手から直接聞いた結果です。

あなた自身もそういう経験があるのではないかと思います。

ですから、部下に仕事を教えるときには任せることです。ここでも「認める」ときと同様、全部できるようになって任せるのではなく、部分的に任せていくことです。できているところを認め、任せるという姿勢が大切です。

しかし、今あなたが「あいつに仕事を任せるのはちょっと……」と感じているならば、それはどうしてでしょう。任せられない理由の多くは、次のような事柄です。

① 部下の仕事の遂行能力に対する不安がある
② 失敗したときの責任が明確でない

③　自分でやったほうが早い
④　自分がその仕事が好きだから

①②についての詳細は次章に譲ります。④は論外ですが、さて③はどうでしょう。
私が若い頃、言われた仕事に四苦八苦していたときの話です。

上司が自分の方をチラチラ見ているのに気がつきました。視線が気になったので、勇気を出して聞いてみました。「私の仕事のスピードが問題でしょうか？」

すると「ワッハッハ、その通り」と全肯定されてしまいました。「痛い！」と思ったのですが、上司は付け加えてこう言ってくれました。

「待つのも（上司の）仕事！」

この言葉にとても救われました。

これに理屈はありません。慣れていない人については、待つしかないのです。

慣れていない人をどうやって慣れさせるか。それには時間しかないのです。

経験不足はしかたがないことですから、「自分でやったほうが早い」などと思わないことです。仕事を任せるときには、「待つのも仕事」ということを忘れないでください。

第 3 章

部下がみるみる育つ!
基本の「教え方」

1 部下の実力を見抜く

「5つのポイント」で部下を観察！

自分の実力も知っておくべきですが、教える相手の実力も知っておくべきです。
「彼を知り、己を知れば、百戦危うからず」という孫子の言葉があります。部下教育も同じ、相手のことを十分理解しておく必要があります。

何度も言うようですが、部下は上司のことをよく見ています。だからこそ、あなたも同じように部下をよく見ることです。

ただ上辺だけで把握しようとすると、間違いが起こります。

たとえば、返事と理解度の関係。「わかりました」「理解しました」は、本当にわかっているのか。それとも、そこそこの理解度でもそう言うのか。

どちらも「返事はする」というのは共通していますが、中身は全く違います。「教える」ためには、部下がどんな人間であるか、見抜いておく必要があるのです。

かといって、部下のタイプを細かく割り出しイチからすべて理解する必要はありません。

人を「○型、×型」と分類して、それに応じた指導をせよという本が多く出版されています。たとえば、いくつかの一般的な問いに答え、それによって積極型や慎重型などと分類するものです。私は、多少の参考にはなれど、部下数人を教えるのであれば、こうした方法は本流ではないと感じています。

これらの問いで、人を理解できるとは到底思えません。仮にできたとしても、それを元に、教え方や接し方を人に合わせて変えるなどという器用なことは、なかなか難しいでしょう。

部下のことを知らないのもいけませんし、知るために多くの時間をかけても非効率です。まずは、**①部下の長所と短所は何か。②褒めて伸びるのか叱って伸びるのか。③行動力はあるのかないのか。④理解度はどのくらいのレベルか。⑤どんな考え方を持っているか。**この5つを把握しておきましょう。

そのためには、部下の話をよく聞き、行動をよく見ることです。そして、書類などの成果物をしっかりチェックすることです。部下を、興味を持って「観察する」のです。

相手に興味を持たず、会話もしないでこれらを知ることは不可能です。知ったかぶりの無責任上司にならないよう気をつけてください。

部下を知る「5つのポイント」

1
長所は?
短所は?
2
褒めて伸びる?
叱って伸びる?
3
行動力はある?
ない?
4
理解度は高い?
低い?
5
考え方は
プラス思考?
マイナス思考?

まずはこれだけ把握しておけば十分!

2 仕事の流れを説明する

段取りよく進めさせるための「ファーストステップ」

仕事には、手順というものがあります。

たとえば、お客様に商品を紹介する場合、「お客様にアポイントをとる」のが先か、「商品の資料を作る」のが先か。仕事のことを何もわかっていない新人に対し、「自分で考えて行動しろ」というのは、なんとも酷なことです。

まずは、仕事には手順というものがあるということを伝えた上で、「今回の場合は、お客様と直接会って商品を紹介したいから、先にアポイントだけは取っておくように。資料作りはその後でいい」と伝える必要があります。

途中で気づいて「先にアポイントを取っておいて」と指示したところで、部下は、「始めてしまった資料作成をやりあげるほうが先」などとかたくなに思い込んで、結局、随分先でないとお客様に会えない……なんてことも起きかねません。これは、とても効率の悪い話です。

「書類作成」を教える流れ

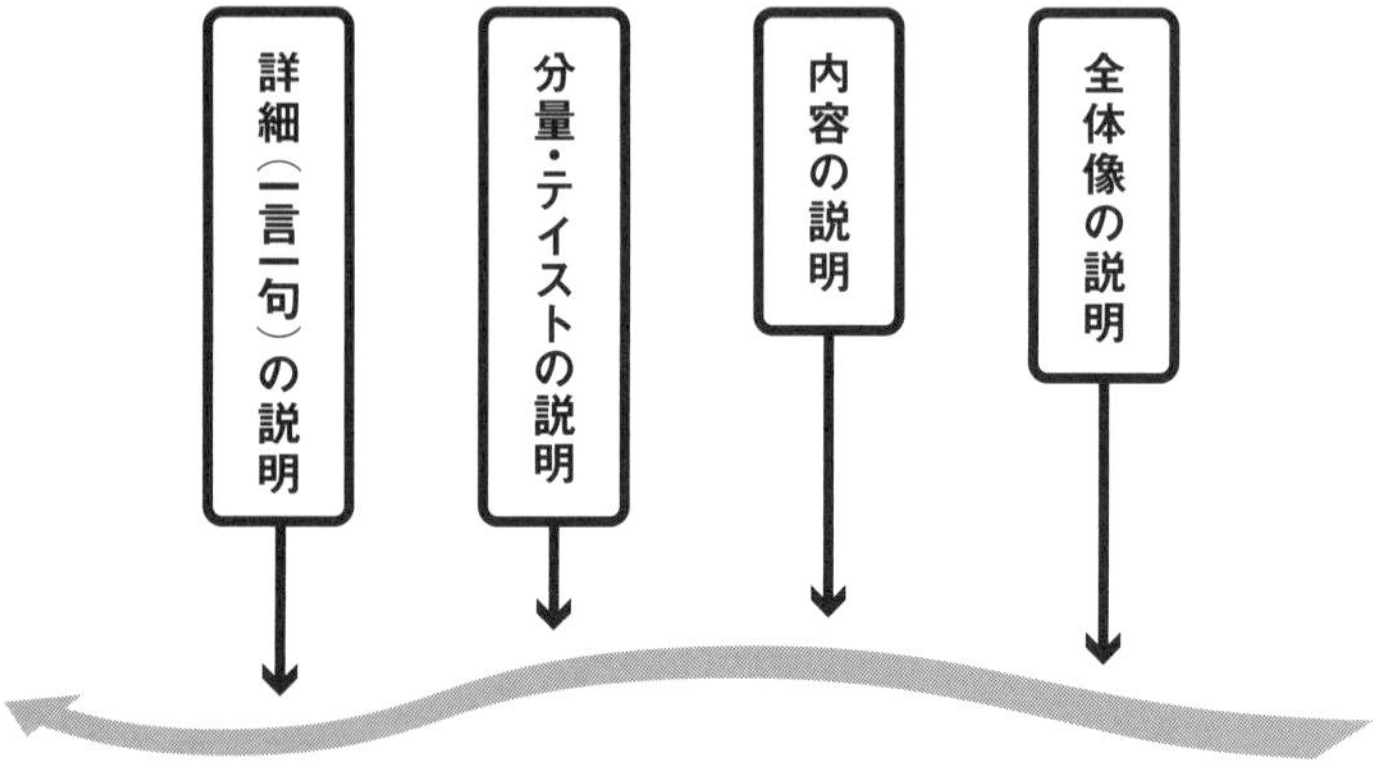

そうならないためにも、まずは仕事の手順をイチから教える必要があります。「これがこうだから、次はこうなる」という流れを説明するのです。

たとえば、書類作成ひとつをとってみても、「流れ」があります。

まずは全体像を説明します。これがどんな書類で、どのような目的で使われるのかを教えます。次に、その書類には何が必要であり、何が先に説明されるべきかなどの内容を教えます。最後に、どのくらいの分量で、どんなテイストで書くべきかを教えます。

新人においてよくある間違いが、全体像もわからぬまま一言一句にこだわってしま

「営業の仕事」を教える流れ

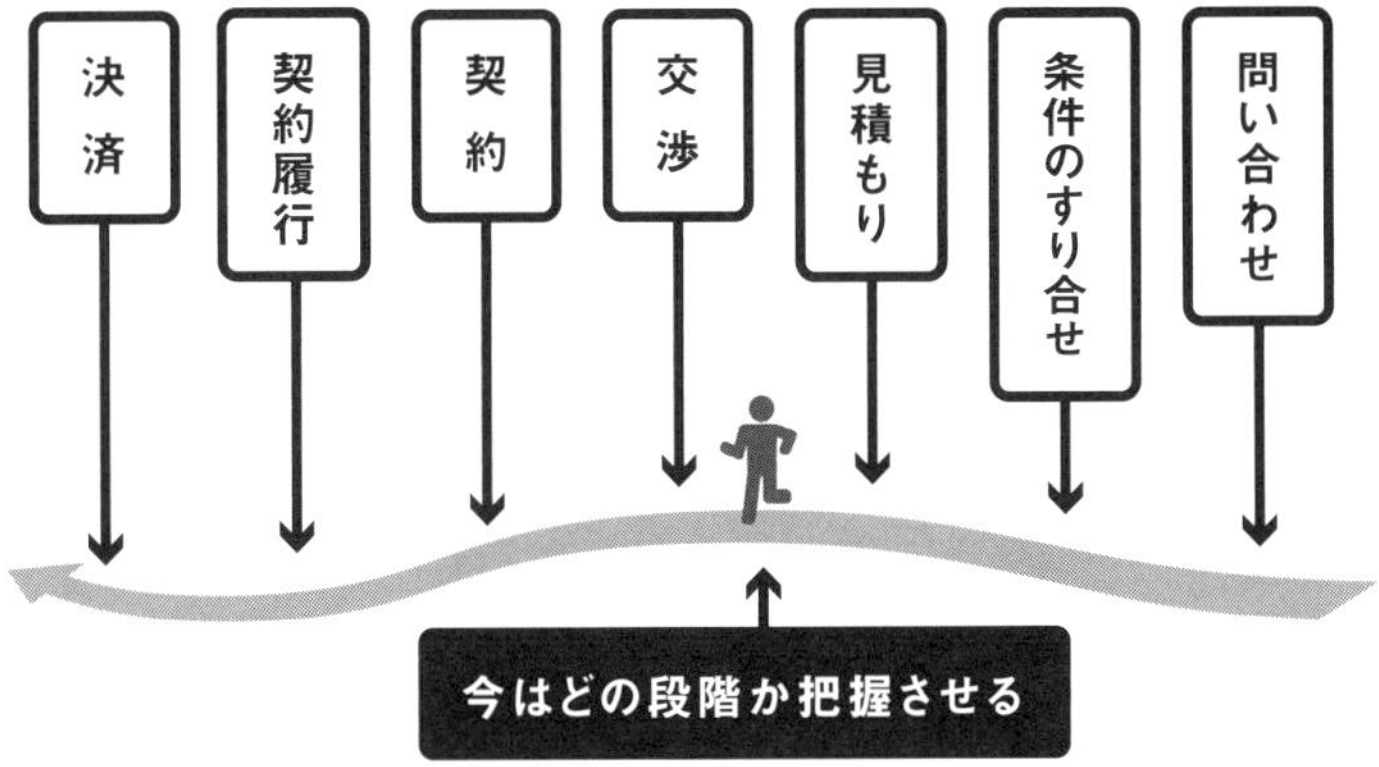

うというものです。まずは、「**一言一句は後でいいので、全体像からつかむように**」と教えてあげなければなりません。

営業の場合も同じです。ひとつの仕事には「流れ」があります。

たとえば、初期段階の問い合わせ、大まかな条件のすり合せ、正式見積もり、交渉、合意、契約書への落とし込み、契約履行、決済というような流れです。これを最初に教えておく必要があります。

そして、その中で、**今はどの段階で、次は何をするのかを把握させる**ことです。今がどの位置なのか、これを確認しながら進めることで、仕事全体の流れを覚えていくのです。

3 完成形を見せる

「ゴール」がわかると、いい加減な仕事はしない

仕事において、完成形を見せることは非常に大切です。

これは、結果を先に説明することです。

お客様にプレゼンをしたり、上司に説明したりするときに、結論を先に説明しますね。それと同じです。この説明がないと、いったいこれからどれだけ話を聞かされるのか、どっちの方向に行くのか、相手がわからずイライラしてしまいます。

私は、年甲斐もなく、柄にも似合わず、スポーツクラブのエアロビクスをつい最近までやっていました。それが好きと言うわけではなく、30分無味乾燥にランニングマシーンでトレーニングするより、恥ずかしながら、音楽に合わせて飛んだり跳ねたりしている方が時間が早く過ぎるからです。

インストラクターの女性が、基本の足踏み、前進、後退、足をクロスしての横移動などを一つ一つ教えてくれます。トゥタッチ、サイドステップ、Vステップ、グレープバイン

などという名前がついたステップもあります。それらを組み合わせて一連の流れができて、最終的には、参加者の満足度の高い（ちょっとは高度に見える）コースをやり遂げるのです。易しいものから順番に次のステップを加えていって、完成形とする手順です。

このとき、サラリーマン生活の長いオッサンにとっては、完成形をまず見せてほしいと思うのです。完成形を見てすぐに自分ができるとは決して思わないのですが、何を最終的にしたいのかがまず知りたいのです。

ところが、これまで出会った何十人ものインストラクターは、誰も冒頭で完成形を見せてくれませんでした。もし完成形を最初に見せてくれれば、もっとわかりやすいのにです。

残念至極で全く情けないのですが、何年通っても初級コースしか取らないのは、次のコースが最終的に何を求めているか見当もつかないからです。

つまらぬ話が長くなってしまいましたが、教えるときは、ゴールをまず見せてあげるべきです。

「このプレゼン資料を作れ」とただ指示するのではなく、「**この資料は、こういう場面でどんな人が見る。結果、うまくいけばこれを達成できる。新規顧客からの売上につながる**」と、目的・ゴールを説明すべきなのです。

「今行おうとしているのは、社内の○○部を説得することであり、それができれば、正式に顧客に金額を提示できる。うまくいけば、これだけの利益をもたらす」と、部下に説明すべきです。

すぐに理解できなくてもいいのです。それを伝えることによって、どんな仕事にもゴールがあることを教えるのです。

そして、仕事の進め方に精通していなくても、ゴールを共有していればモチベーションも上がります。

だから、目的や全体像は、しっかり教える相手に伝えるべきです。顧客や上司に説明するのと同じように「完成形」を見せましょう。

ときに、部下の仕事がいい加減になってしまうのは、仕事の意味をよくわかっていないためということがあります。それは、完成形を見せていないのが原因です。

書類や仕事の意味がわかっていないから、いい加減になってしまう。何のための書類なのか、何のための仕事であるかをしっかり説明することです。

合格ラインの仕事をさせるには?

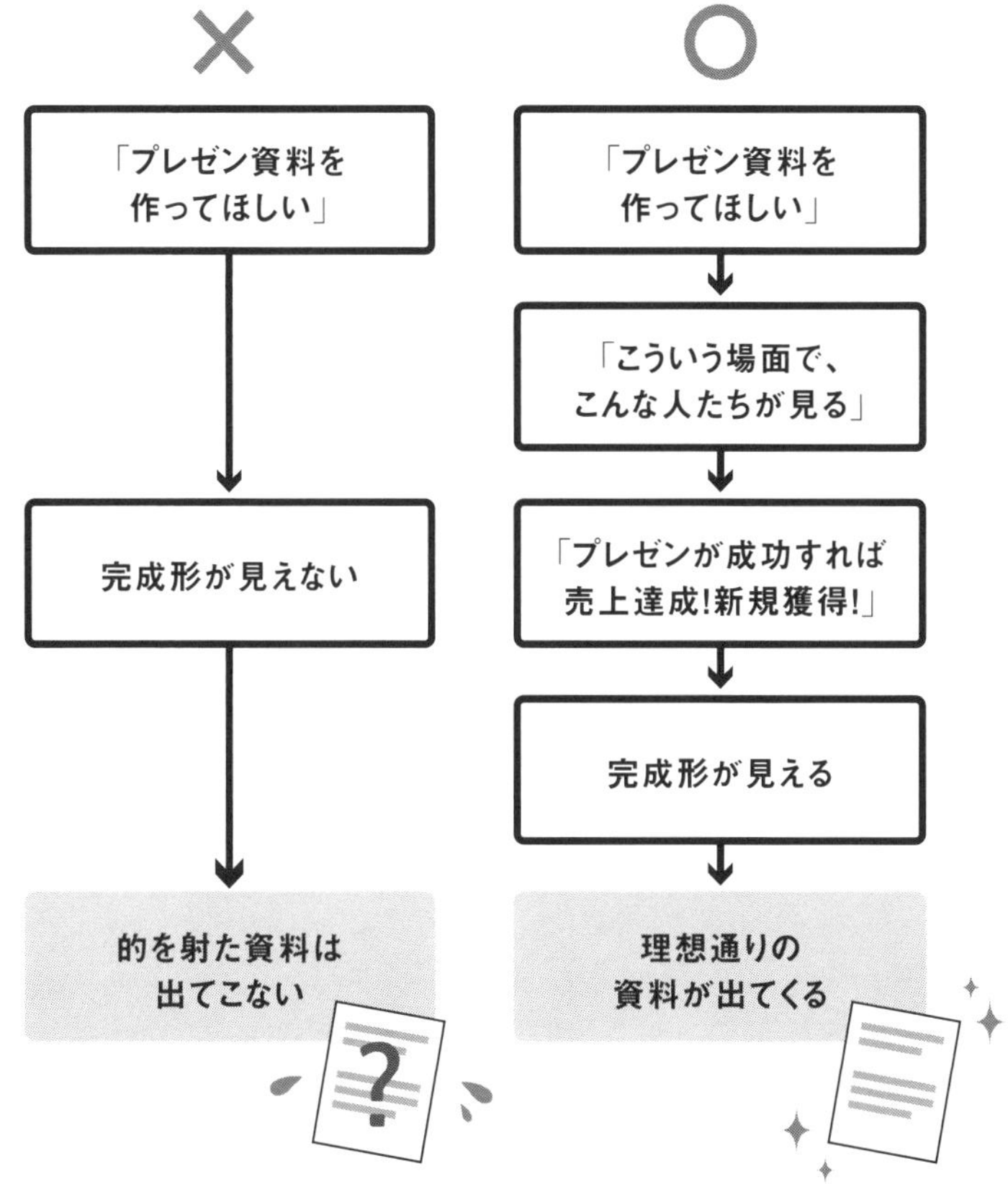
×
「プレゼン資料を
作ってほしい」
完成形が見えない
的を射た資料は
出てこない
?
○
「プレゼン資料を
作ってほしい」
「こういう場面で、
こんな人たちが見る」
「プレゼンが成功すれば
売上達成!新規獲得!」
完成形が見える
理想通りの
資料が出てくる

“完成形”を見せるだけで結果が変わる

4 分けて指示を出す

はじめのうちはステップごとに区切る

仕事の完成形を見せておくことの重要性について触れましたが、それを部下に説明したからといって、大きな仕事を丸投げしていいというわけではありません。

相手の能力や慣れ具合を踏まえて、「指示を出す」ことが必要です。

たとえば、パワーポイントで資料を作成させる場合。

「まず、A4一枚にストーリーを手書きで作ってほしい。できたら見せてほしい」と伝え、それを見て問題なければ、**「パワーポイントに落とし込んでほしい」**と、2つに分けて指示するのです。

また、調べもののレポートを作成させる場合。

「まず、○○について過去○年間のデータを集めてほしい。それから次を話し合おう」「まず、これを推進する場合のメリットとデメリットを上位5つずつ挙げてほしい。それから次を話し合おう」などと、中間地点までの指示を出して、それができたら次の指示に臨む

指示は「2つ」に分ける

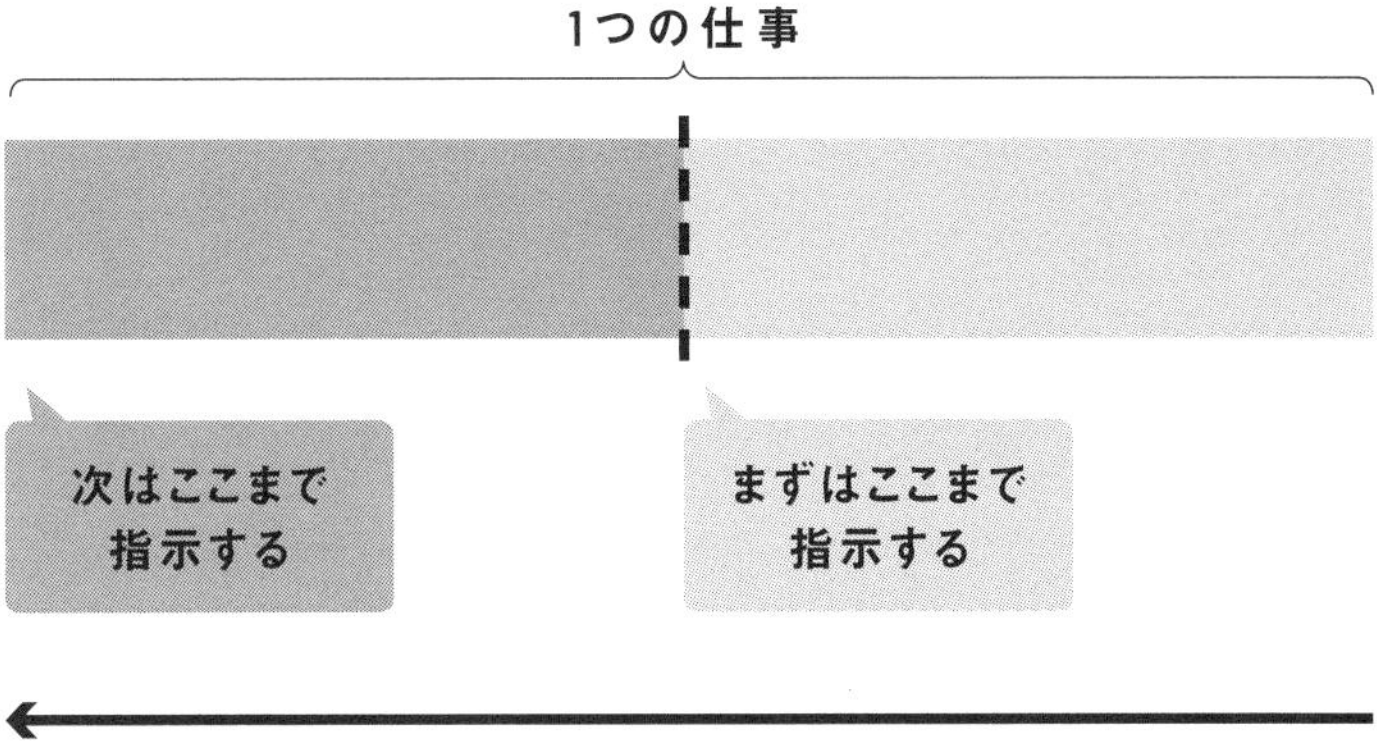

のが現実的なやり方です。

大きな仕事であれば、2つと言わずいくつかのステップに分けて構いません。「プロセスに分けて指示を出す」ことが大事なのです。

「最初から最後まで（途中チェックなしで）自分でやれ」というのは、無責任すぎます。

また、指示を出す際に、簡単な「**メモ紙**」を渡すこともお勧めです。

私は昔、上司からA4の4分の1ぐらいの大きさの「メモ紙」をよく渡された記憶があります。そこには、「こんな感じの書類を作れ」という内容がなぐり書きされていました。右も左もわからない私にとっては、日照り続きに天が雨水を与えてくれたような、たいへん貴重な「メモ紙」でした。

これは、部下への指示を明確にさせるだけでなく、指示の行き違いをなくすことにもつながります。何もわからない部下にとってはこのような導きが大事なのです。

他にも、

「**まずたたき台を作ってほしい**」

「**ラフ案を作ってほしい**」

というちょっと低いレベルから始めるやり方や、

「**中身は違うがこの書類を参考にして**」

などと前例を見せるやり方もいいでしょう。

指示の出し方を少し工夫するだけで、部下は安心して仕事を進めることができるのです。

5 時間の目安を伝える

「1時間で」「午前中に」など具体的に

仕事をいくつかのプロセスに分けて指示することに触れましたが、「どれくらい時間をかけるべきか」という目安になる時間も伝えましょう。

これがあると、部下はそれに合わせて仕事を進めることができます。

仕事の難易度と部下の経験によりますが、たとえば、たたき台作りやルーティーンの仕事であれば、自分がやるときの2倍ぐらいの時間を与えてみるのがいいでしょう。

調べものや分析など難しい仕事には、3倍ぐらいの時間を与えるのがいいと思います。

そして、「これは1時間ぐらいでやってほしい」「午前中にはたたき台を作って持ってきてほしい」などと明確に伝えることです。

ここでしっかり時間を伝えておかないと、A4一枚にまとめるだけの資料を5時間かけて作ったり、しっかり調べて作ってほしい資料をたった30分で提出したり……なんてことになりかねません。**仕事に慣れていない部下は「時間をよむ」ことなどできない**のです。

また、時間を伝えたからといって、指示を出しっ放しで、その時間がくるまで見てやらないのは不親切です。部下の横を通ったときには、チラッと進行状況を見て、「うまくいっているか」と声をかけることです。

指示を受けた時点では、部下は「はい、わかりました」とは言うものの、指示がよくわかっていないことや、やってみたがうまくいかないことなどは、よくあることです。

そんなときにちょっと声をかけてやれば、積極的な部下なら、わからないところを聞いてきます。

しかし、なかには質問することをためらう部下もいます。何もできずに考え込んでしまっているときや、1時間経っても書類作成が全く進んでいないときなどは、「念のため、もう一度話し合おう」と声をかけ、指示を理解しているか確認したり、どのように進めてほしいか今一度教えることです。

最初のうちは、時間がかかってしまうのは、しかたがないことです。

しかし、時間を設定しないと、いつまでも時間をかけて仕事をしてしまいます。まずは、目安の時間を伝えることで、効率の良い仕事を促しましょう。

スムーズな仕事をさせるには?

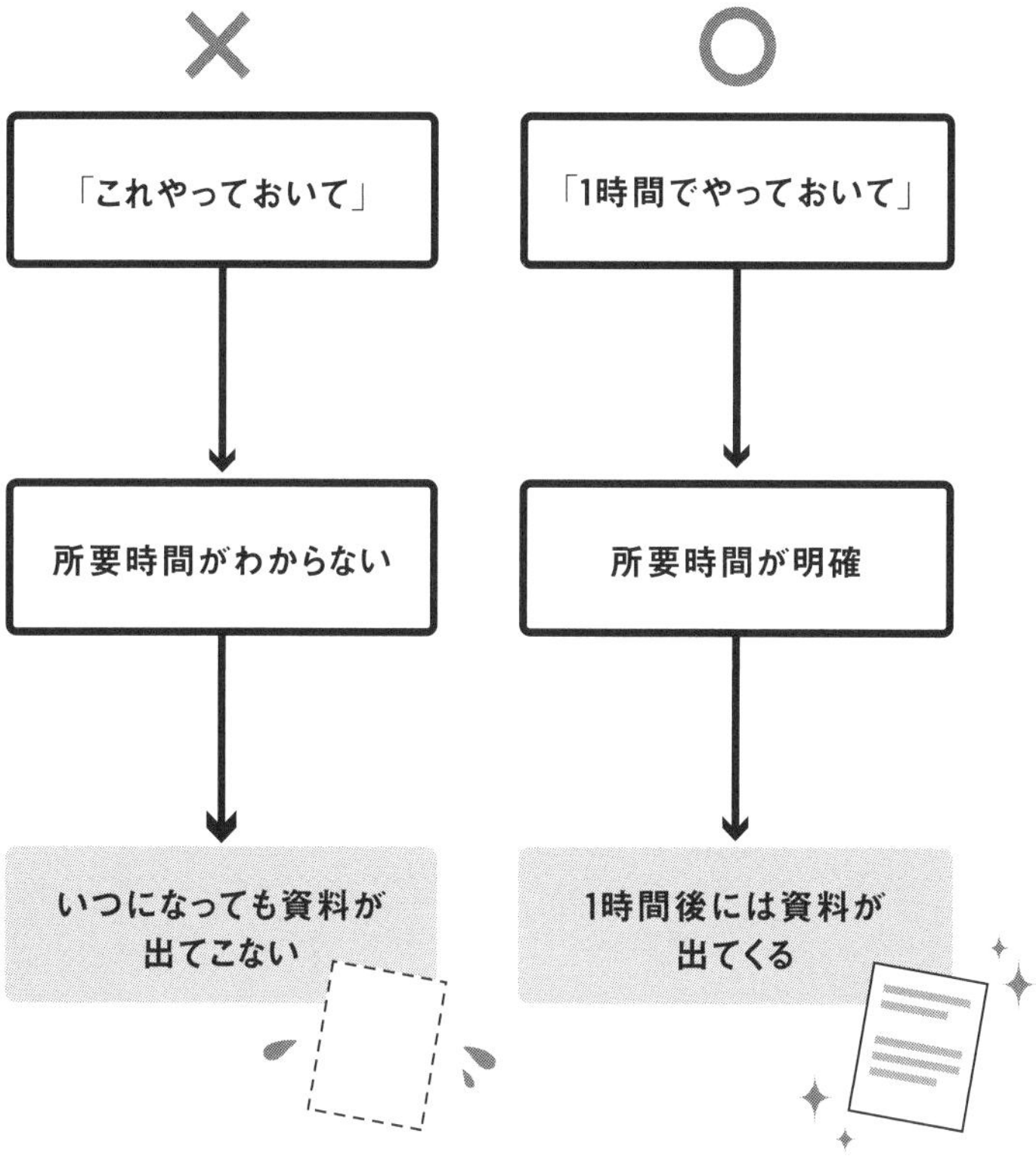
×
「これやっておいて」
所要時間がわからない
いつになっても資料が出てこない
○
「1時間でやっておいて」
所要時間が明確
1時間後には資料が出てくる

“目安時間”を伝えることが必須!

6 ＴｏＤｏリストを作らせる

慣れるまでは一緒に。とくに「優先順位」を要チェック！

優先順位についても伝える必要があります。

やるべき仕事がいくつかあると、あれもこれもやらなければいけないと思って、焦ってしまうものです。どれも中途半端になっているときは、優先順位がわかっていないことが多いのです。「自分で優先順位ぐらい考えろよ」と言いたいところですが、そう言っても始まりません。

まずは、「ＴｏＤｏリスト」を書かせることです。

今しなければならない仕事を箇条書きで書かせるのです。

次に、それを見てやることです。

部下の「ＴｏＤｏリスト」を見ると、おそらくやるべき事柄が羅列してあるだけで、順不同だと思います。また、ヌケがあるかもしれません。そもそも、新人のリストはそんなものです。

部下のToDoリストは毎回カクニン!

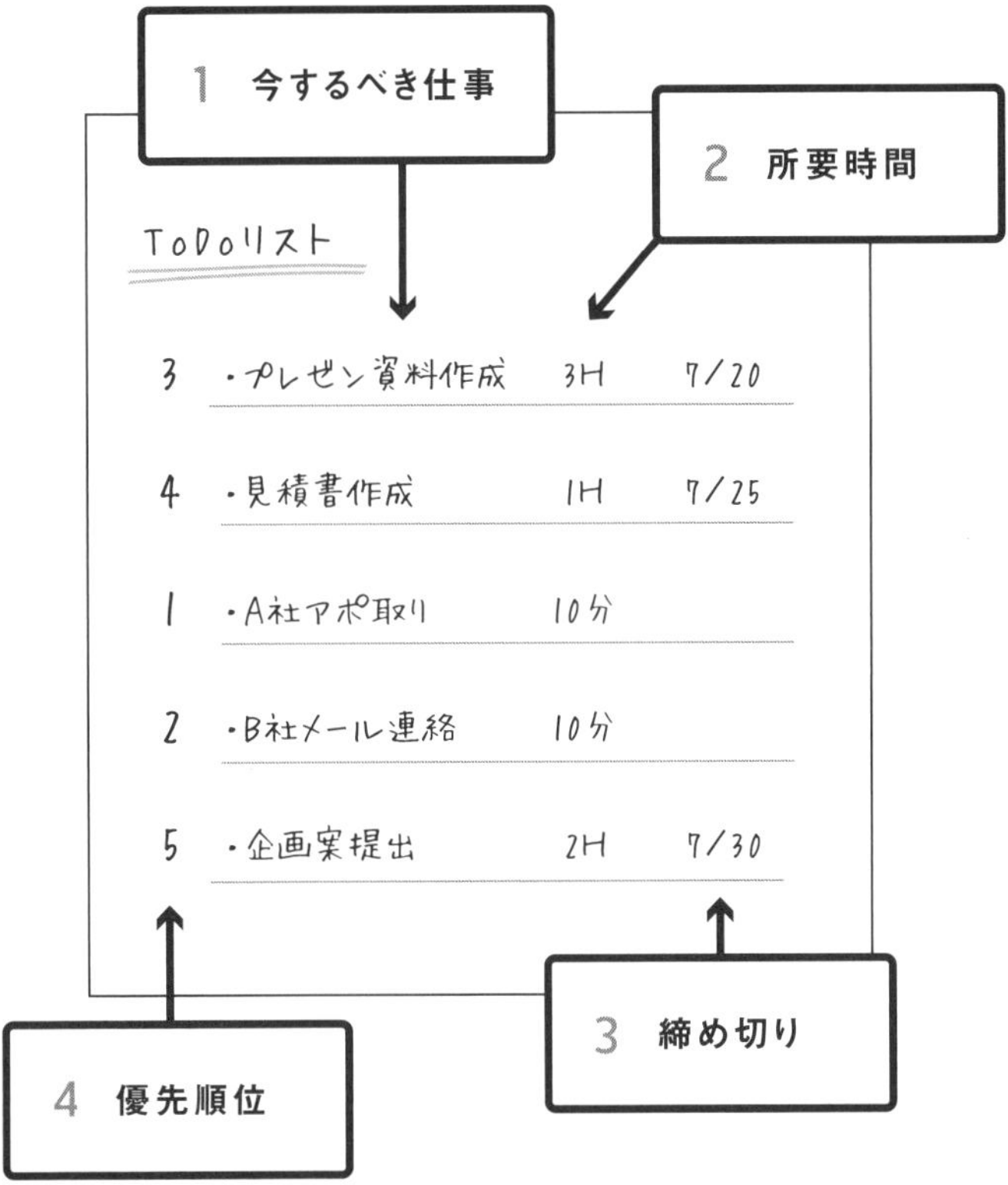

上司のサポートが必要不可欠!

そこで、事柄の右側に、「仕事をやりあげるのにかかる時間」を書かせます。締め切りがあるものは、さらに右側に「締め切りの日にち」を書かせます。

そして、「優先順位をつけてみろ」と指示し、リストの左側に順番を書かせるのです。わかりにくい場合は、リストを入れ替えて、優先順位の高いものから順に書かせます。

もし、**優先順位がわからない場合は、答えを教えるしかありません。あなたが、リストの順番を入れ替え、優先順位をつけてあげてください**。

普段、あなたはそれらを暗算でやっていると思います。忘れないようにリストは誰でも作りますが、それぞれにかかる時間と締め切りが頭に入っているから、リストを見るだけでどれから片付けようかと優先順位をはじき出せるのです。

ところが、部下は、それぞれの仕事にどれだけの時間がかかるかという予測をしなかったり、考えても上手くできなかったりする場合が多くあります。

面倒ですが、しばらくは「ＴｏＤｏリスト」に付き合ってやることです。

手間のかかることですが、教える気持ちを持つことです。子どもの自転車を後ろで支えている気持ちが必要です。

7 スケジュールを共有する

これで、上司も部下も「締め切り」が一目瞭然！

新人には、必ずスケジュール帳を持たせることです。

A5版かB5版の両開きで1週間が一覧できるスケジュール帳が理想です。そして、そこに会議やアポイント、仕事の締め切りを記入させることです。

小さな紙にやることを書いた「ToDoリスト」だけでは、時間管理は至難の業です。スケジュール帳と「ToDoリスト」の併用をさせることです。「ToDoリスト」をスケジュール帳の空いているところに書き込んでもいいし、紙切れであればそれをホチキスでスケジュール帳に留めておくのもいいでしょう。

私は感心しないのですが、なかには自分のやるべきことを付箋に書いてパソコンの周りに貼り付けている人がいます（パソコンヒゲと私は呼んでいますが……）。

相当能力の高い人なら別ですが、期限を守れない人がパソコンヒゲをやっているのなら、即刻スケジュール帳に変えさせることです。パソコンヒゲを見て、どれが優先順位が高いのかわかるとは思えないし、ヒゲがなんらかの理由で落ちてしまったらいったいどうするのでしょうか。不信感以外のなにものでもありません。締め切りを守らせるためには、スケジュール帳は必須なのです。

まずは、部下に何か指示を出したときには、締め切りをスケジュール帳に書き込ませます。その際、部下が見ているところで、自分のスケジュール帳にも同じことを書き入れるのです。「自分は、君の仕事の期限を絶対に忘れないぞ」と知らしめるのです。

そもそも、**部下に何かを依頼するときは、「いつまでに」とはっきり言って、それを自分のスケジュール帳にも同時に書くことが大事**なのです。締め切りをあなたが忘れてしまっているようではいけません。

「これを毎週やるように」と指示しても、最初の2、3週間は期限内にやるが、そのうち期限に遅れ、ひどくなるとやらなくなることもよくあります。横着な部下の中には、上司自身が指示を出したことを忘れるという淡い期待をする人もいます。また、指示した方も「しょうがないな、また遅れて」「こいつは、すぐやめてしまうから」と甘くなりがちです。これではいけません。

甘えの気持ちを捨てて、あなたも部下も決めたことはやり切る仕組みを作りましょう。

スケジュール帳はマストアイテム

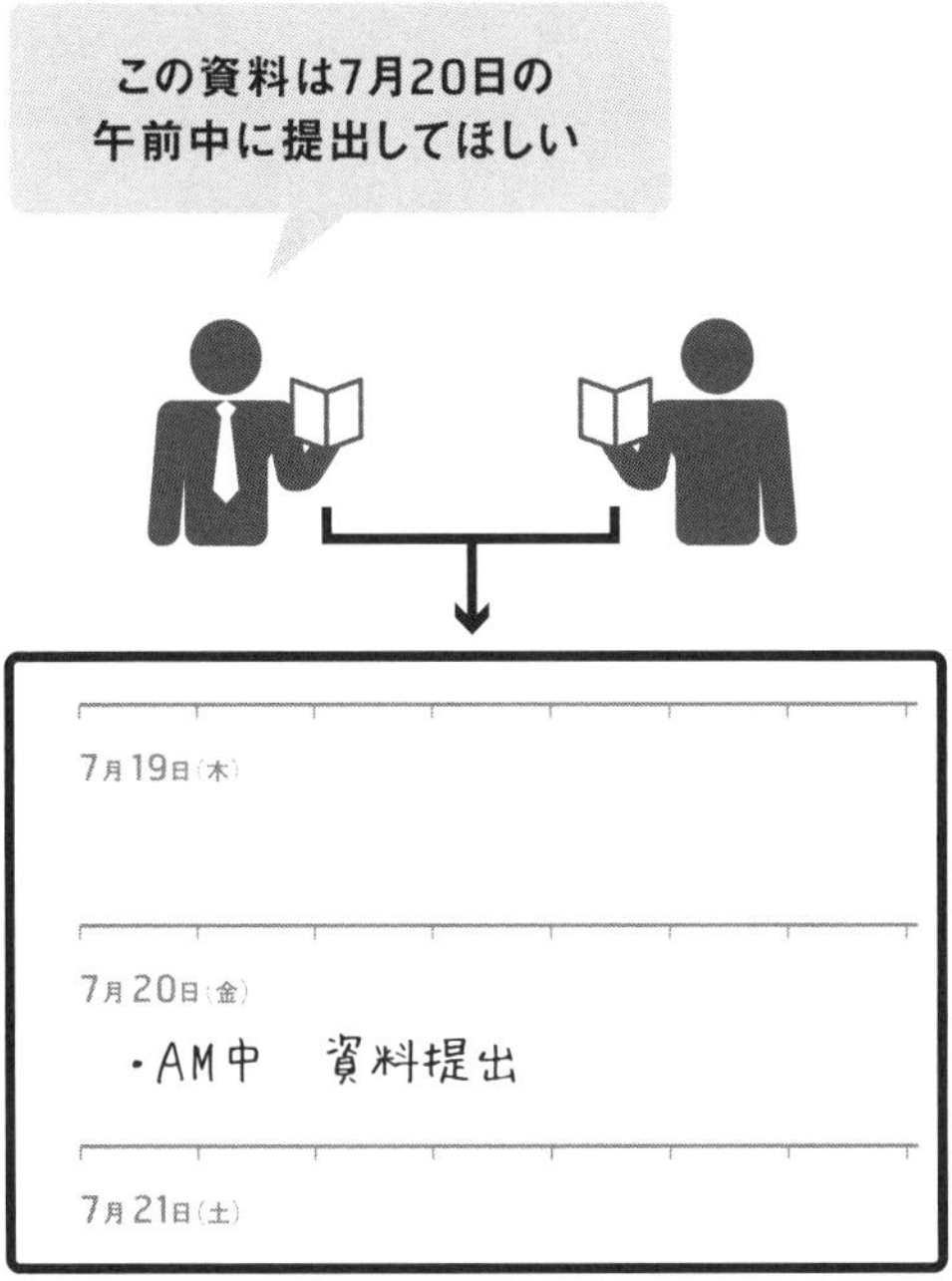

“その場で”“お互いに”期限を書き込む

8 予定を組むときの原則

「First Come, First Served.」でもう迷わない！

それでも、スケジューリングが下手な人がいます。

典型的なのが、「予定を決められない人」です。

「来週空いてる？」と聞くと、「来週は忙しいかもしれない」と決めず、「では再来週はいつが空いてる？」と聞くと、「急ぎの案件が入るかもしれない」と再来週も決めない。「では、1カ月先はどうか？」と聞くと、「先のことなのでわからない」と答える。

これは、決めないから時間の管理ができないだけなのです。

「First Come, First Served.」という言葉があります。

「最初に来た人から順番に（食事などを）提供される」という元々の意味で、「早く来たアポイントから順番に入れ、その通りアポイントをこなす」ということです。

大事なのは決めたことをその通り実行することです。予定を変えないことです。お葬式やお通夜だけは例外ですが、これは相手も勘弁してくれます。

この心得をしっかり部下に教えましょう。最初からわかっている若手などいないのです。

先々のスケジュールを入れて、それを変えない利点はいくつかあります。

自分で時間管理ができているので、いつまでに仕事を仕上げなければいけないかがよく見えます。

また、周りの人の見方が変わります。スケジュールを先に先に入れるのを知っているので、周りが「今日空けてくれ」などと無理強いしません。

残業を予定している日に誘われても、「今日はすみません」とすっと言い切ることが容易にできます。そして予定が立っているので、「いついつなら大丈夫です」と代替案をすぐに出せます。

私の尊敬している人たちは、ほぼ全員、この原則を貫いておられます。

私の3番目のメンターが、現役時代のビル・ゲイツに「とても忙しいでしょう」と聞いたところ「いえ、スケジュール通りにしているので忙しくありません」と答えたそうです。

スケジュールを入れたら動かさない。

これだけで、忙しさはなくなるのです。

9 確認すべき3つの責任

最初に決めておくだけで「誰の責任？」がなくなる

仕事を教える中で徹底しておきたいのが、責任の所在です。

うまくいけばいいが、失敗したら誰が責任を取るか、それが明確でないとなりません。

それには、責任という範囲の広い言葉を明確にする必要があります。責任は3つに分けられます。そしてそれぞれについて、上司・部下のどちらの責任か明確にしておきます。

①　結果責任は上司
②　遂行責任は部下
③　報告責任は部下

これが徹底されていれば、次の通りになります。

上司から見れば、部下は決して途中で投げ出さないし、報告はきちんとするという条件付きで、結果責任は自分にある。これなら上司も納得できるでしょう。逆に、部下からすれば、自分が投げ出さずにちゃんと報告をしていれば、仮にうまくいかずとも、上司が責任を取ってくれるという安心感がある。これで、前向きに新しい案件にも取り組めます。

部下が一番嫌い恐れることは、「進めてもいいよ」と言いながら、うまくいかなかったときに「なんでそんなことをしたのか」と言い出す上司です。しかしこの原則では、そういう無責任が通せないのです。

本来は、部下が途中で投げ出したり、報告をしなかったりすることで、その仕事が失敗したとして、それは上司の責任です。こういう場合、「どうして、こいつのために私が責任を……」と腹立たしい気持ちになりますよね。しかし、**部下が「投げ出さないこと」と「報告をしっかりすること」を約束するのであれば、責任は負えるでしょう。**

現実的には、「報告をしっかりすること」を守らせるのが重要です。

これが徹底されていれば、途中で軌道修正もできます。ちょっと頼りないと思えば、「これは任せるが、毎日の進捗状況を報告してほしい」と言えばいいのです。

どのような報告を求めるのかは次に説明します。

責任の所在を明確に!

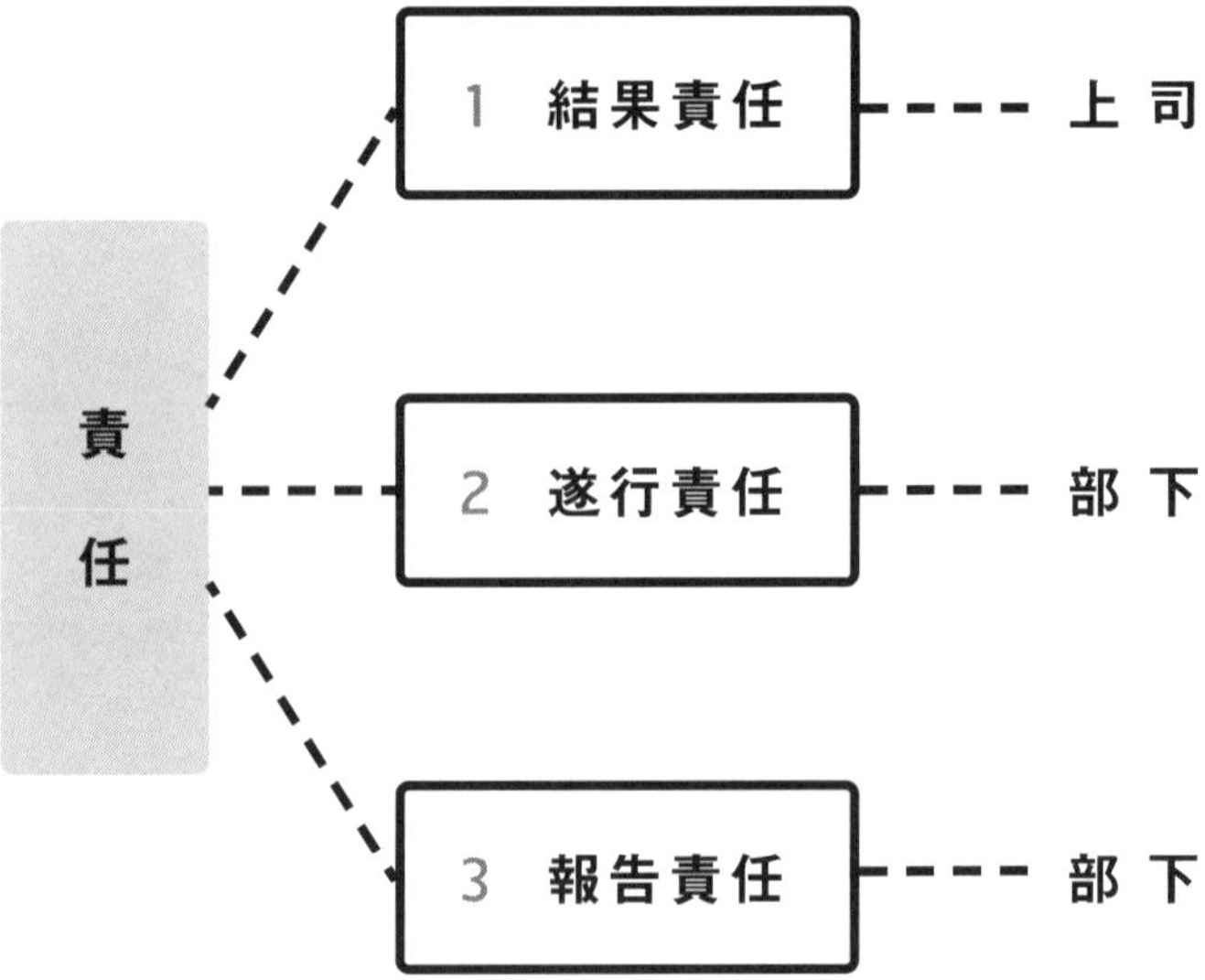

これで、お互いに"無責任な"仕事はしない!

10 徹底すべき3つの報告

とくに「経過報告」は、ヌケ・モレ・ミスを防ぐ上で最重要

報告も3つに分けることができます。

①　結果報告
②　経過報告
③　完了報告

教える側は、これらをしっかり教えることです。

①結果報告は、普通誰でもします。「○○をやったのですが、うまくいきませんでした」「結果こうなりました」というのが結果報告です。うまくいったときはいいものの、ダメという結果だけを聞くとぞっとします。

②経過報告とは、「今日こんな話が客先からありました」「明日この値段で客先と交渉し

ます」など結論に至る前の報告です。また、「明日この値段で見積もりを提出したいと思っていますが、いいですね」など、部下にとっては、自分の意見を言えるチャンスでもあります。

この経過報告を押さえておくことで、結果が出る前に何か対処ができたり、大きなトラブルを未然に防ぐことができます。

③完了報告とは、「○○さんに、あの件伝えておきました」「コピーできています」など、完了を報告するものです。

小さなことかもしれませんが、部下が物事にちゃんと対応しているかどうか、上司は心配なものです。伝言やコピーを依頼すると、「はい、わかりました」とは言うものの、「できました」と報告できる人が極めて少ない。完了報告はたった2秒でできることですから、きちんと報告をするという癖をつけさせましょう。

この3つの報告はどれも大切ですが、なかでも、②経過報告はとくに重要です。

部下が客先から戻ったら、すぐに報告を受けましょう。最初のうちは、「**お客様はなんと言っているのか?**」「**他に情報は?**」と、こちらから導いてやることも必要です。そして、「そういう報告をしっかりするように」「私もお客様の動きを知っておく必要があるから」

どんな報告を求める?

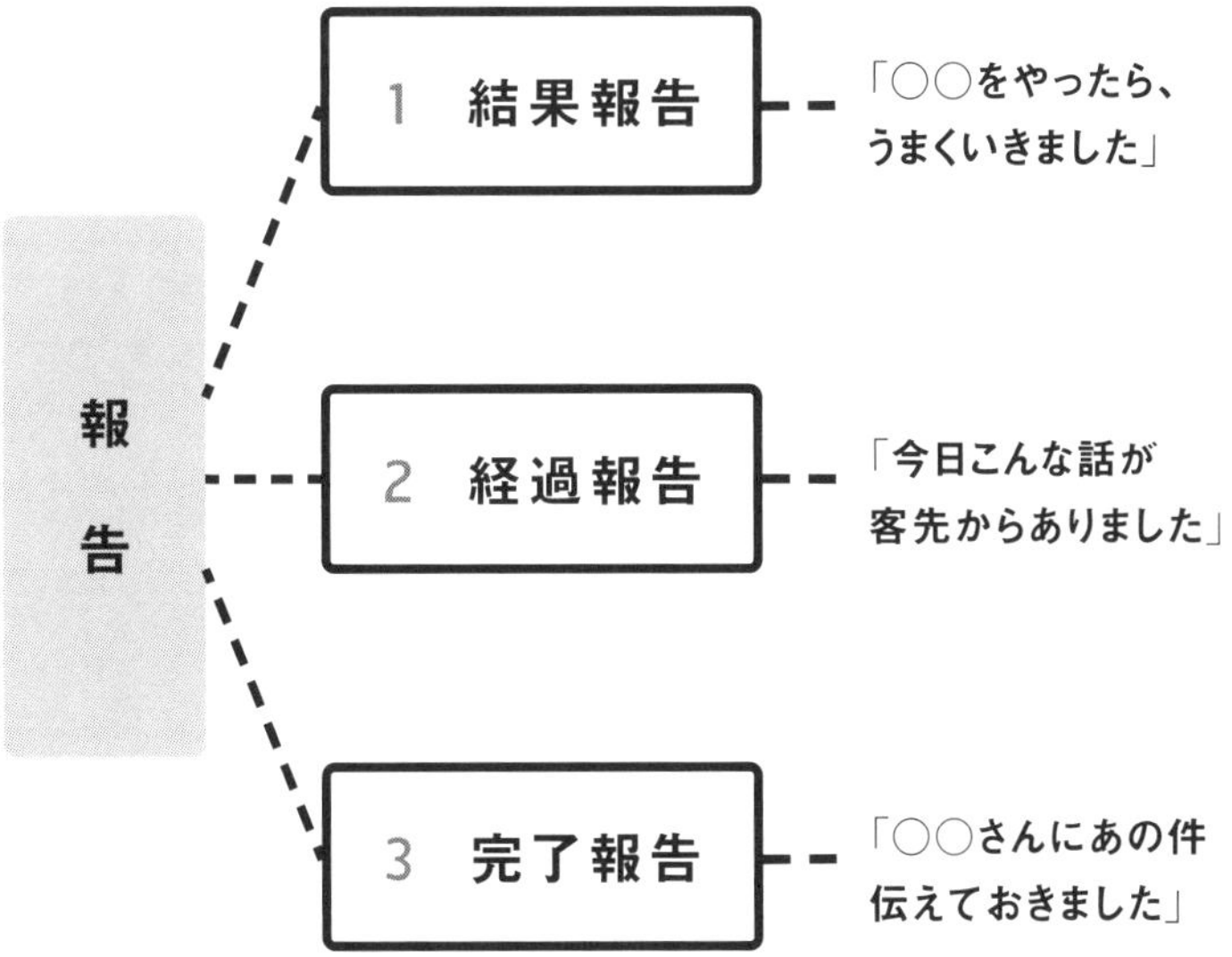
報告
1　結果報告
「○○をやったら、うまくいきました」
2　経過報告
「今日こんな話が客先からありました」
3　完了報告
「○○さんにあの件伝えておきました」

なかでも、“経過報告”が一番大切!

と念を押しておきましょう。

経過報告をしっかり受けていれば、自分が知らない間に大事件になっていることなどほとんどありません。おかしいと察知したら質問もできるし、部下のヌケもフォローアップできるからです。

加えて、このときには、「聞く態度」が非常に重要となります。

自分が忙しいからといって「後にしてくれ」と言ったり、面倒くさい表情をしたりすると、部下の遠慮が出ます。

「上司が忙しそうだから、今日は報告しないでおこう……」となってしまうのです。

最初は遠慮ですが、そのうち報告を端折るのが当たり前となり、ついには「報告しなくていい」と思い込んでしまう。これではいけません。

上司は自分の仕事の手を止めて、部下の方をしっかり見て、メモするぐらいの気持ちが必要です。部下もそれを見ると、報告の重要性を実感するでしょう。

そして、「**1日のうち30分～1時間は、報告を聞く時間にする**」ということを最初から心掛けておきましょう。そして、小さな報告に対しても、「はい、ご苦労様」「わかった、ありがとう」と返事をすることです。

11 報告の形を教える

「何が言いたいの？」「いったい何のこと？」と感じたら…

報告をしてくれているのに、内容がわかりにくい。何が言いたいのかよくわからない。ときに、そんな部下がいます。

たとえば、「あの〜、お客様がすぐに出荷しろと言っているのです」と突然言ってくる。何の件やら、どのお客様が、何をいつまでに出荷しろと言っているのか、全くわからないという状態です。

そうならないためには、「報告の形」を教えることが必要です。

①　○○の案件について
②　結論
③　理由・経緯

この順番で報告するよう教えましょう。

もし、口頭でしっかりできないのならメモを作成させ、それを見ながら報告させても構いません。

ここでは、冒頭に求めていることをはっきりさせるのがとても重要です。

「○○の件で、決裁がいただきたい」

「○○の件で、ご相談があります」

「○○の件で、ご参考として状況を報告しておきます」

これがあるだけで、わかりやすさが格段に上がります。

また、**「報告は部下の義務であり、上司に聞かれる前にするもの」と教えておく**ことです。これは意外と知らない部下が多いもの。報告がなかなか上がってこない場合には、再度徹底させましょう。

12

報告の精度を上げる

「事実か、憶測か」をはっきりさせるだけ

日々の報告の際には、部下の意見も一緒に聞いてみるといいでしょう。

① ○○の案件について
② 結論
③ 理由・経緯

この順番で報告を受けると先に述べましたが、普通はこれで終わりです。

しかし、そこで間髪を入れずに「何か感じたことはあった？」と、いわゆる「所感」を求めるのです。

④ 所感・感触

まず、③までは事実だけを語らせ、④で「所感・感触」を聞くのです。

部下は、客先と話をする中で新しい情報に触れ、なんらかは感じているはずですから、そこもしっかりと聞いてやることです。

その際には、**「個人的意見で構わない」と一言添えるだけで、部下も話しやすくなります**。最初のうちは、「うまくいきそう」なのか「ちょっと難しそう」なのかだけでも構いません。

これを繰り返すと、部下の思考形態もだんだんわかるようになります。

たとえば、楽観的思考なのか、悲観的思考なのか。

物事の前後関係をよく考えているか、いないか。

ちゃんとお客様に向かい合っているか、いないか、など。

部下を改めて知ることができます。

また、部下は報告の度に所感を聞かれ、意見を求められるので、これを3回も繰り返せば次は自分で用意してくるようになります。それによって、物事をよく考える癖がついていくのです。「次はどうしたいか」「次は何が必要か」を自分で考えることができるようになるのです。

「わかりやすい」報告をさせるためには？

1. ○○の案件について
2. 結論
3. 理由・経緯

（1〜3：事実のみ）

4. 所感・感触

このように、「事実」と「所感・感触」を分けて聞くことで、内容が混同しなくなり、報告の精度も上がります。

事実なのか、自分の推測なのか、自分の考えなのか、これをはっきりさせることは非常に大切です。

どうしても混ざってしまうときは、「**所感は最後に聞く**」と、しっかり伝えるようにしましょう。

13

着実に進行させる

「ごまかし」や「曖昧さ」に気づいたらすぐに指摘！

正確に仕事を進めるのは、基本中の基本です。

そのためには、しっかりとヌケなく仕事を進め、さらにそれを上司・部下でコミュニケーションするという2つの要素が必要です。

仕事にヌケがあり、さらに上司とミスコミュニケーションしていては、とんでもないことになります。ダブルの失敗は、大きな悲劇につながります。

たとえば、部下が客先にいくつか確認しなければいけないところを、1つ忘れたとしましょう。誰しも忘れることはあるのですが、それを忘れたと言わずに、ごまかしてしまうことも多々あるのです。

「この点について客先はどう言ったか？」と部下に念を入れたとき、「たぶん大丈夫でしょう」との曖昧な答えが返ってくるときは要注意です。「たぶん大丈夫でしょう」とは、自分の判断であり、「客先はどう言ったか？」という質問の答えではありません。

ですから、聞くときは「今日はうまくいったか？」「大丈夫だったか？」ではいけないのです。逆に、「今日はうまくいったと思います」という報告なら、**「どううまくいったのか」「どんな発言があったのか」と聞き返す**ことが必要です。

かく言う私も、40代半ば頃、ある年輩の人から「君のさっきの言葉はごまかしではないのか」と言われてぞっとしたことがありました。そういうつもりは微塵もなかったのですが、確かに話を端折って「大丈夫です」を繰り返していたことに気がつきました。

言葉の曖昧さは、仕事の曖昧さにつながります。

「知らないことは知らない」

「聞き漏らしたことは聞き漏らした」

「わからないことはわからない」

このように、部下に正直に言わせることです。いわんや、上司も部下に対して同じことです。両者とも素直になればいいのです。

このような心掛けで、上司と部下でしっかりコミュニケーションすれば「ごまかし」はなくなります。すると、自然と仕事もうまく進み出すのです。

14

完成度を上げる

「正確に」仕事をさせることが先決。「スピード」はその後で

私は、パソコンにおけるブラインドタッチの重要性を強く感じています。

これから何十年もパソコンのキーボードを叩くことになります。音声入力もいずれは完璧になるでしょうが、まだまだ数十年かかるでしょう。

1秒で1文字打つのか、1秒で2文字打つのか。ここでの時間が後々大きな差となるのです。2文字打てるだけで、時間は倍の短縮ができます。

もちろん、私はブラインドタッチです。商社に入社したときに習いましたが、2週間ほど、1日1時間ぐらいの練習だったと記憶しています。たった10時間で、こんな不器用でごつごつとした指でできるようになるのです。

ブラインドタッチができるようになるだけで、仕事の効率はグンと上がります。パソコン入力で、ムダな時間を費やしている人がいるのでしたら、ここでしっかりできるようになっておくことをお勧めします。

いち早く成長させるためには?

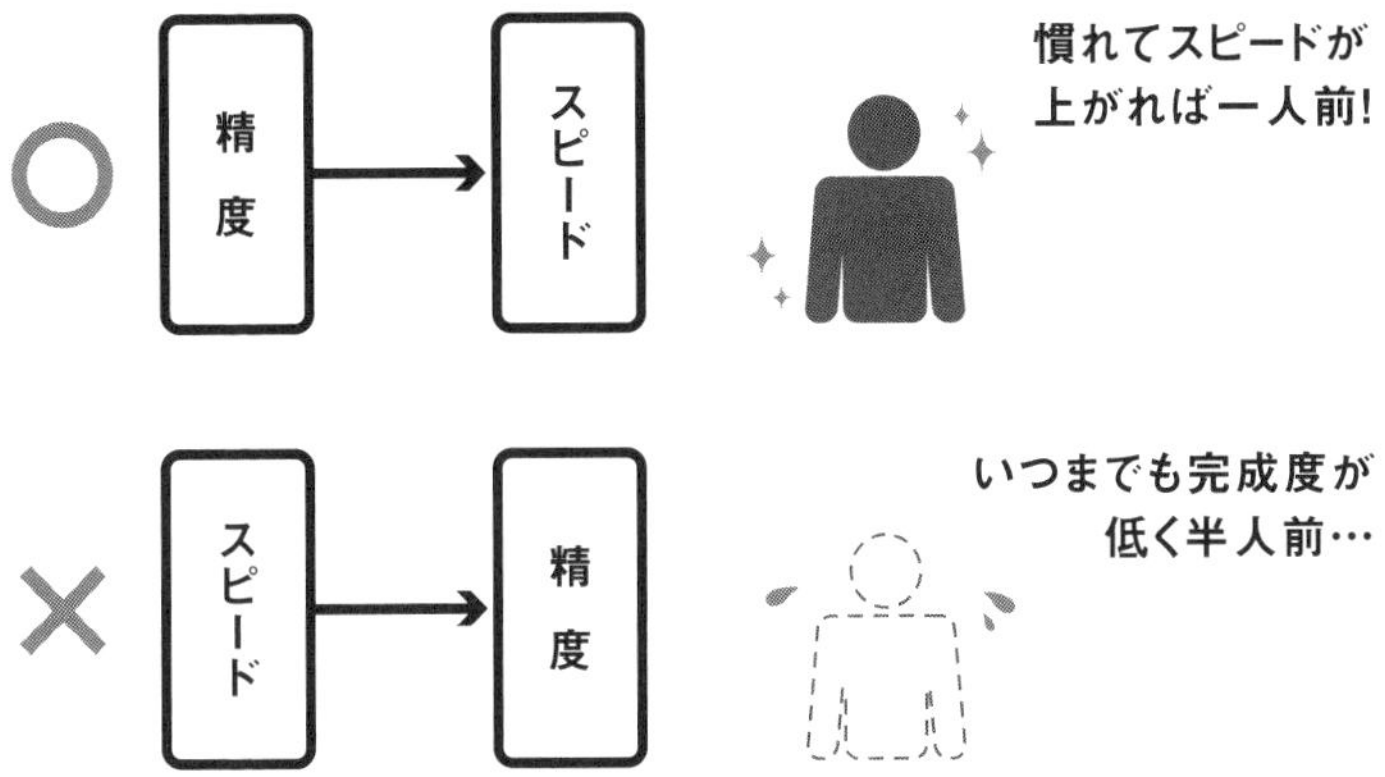
○
精度
スピード
慣れてスピードが
上がれば一人前!
×
スピード
精度
いつまでも完成度が
低く半人前…

少し遠回りな話になってしまいましたが、押さえておきたいポイントをお伝えします。

ここでの極意は、まず「正確に」打つこと。その次に「スピード」を上げることです。

この順番である必要があります。その反対では決して上達しません。

伝票を作ったり、計算をしたり、書類を作成したり。これらすべてに当てはまることですが、「まず正確に、次にスピーディーに」です。

たとえば、やっつけ仕事のように取り組む部下に多いのですが、時間に追われているのか、字が乱雑だったり、印刷するとエクセルの枠から字がはみ出したりしています。これでは、どんなに内容が完璧な資料であっても、第一印象で不信感を抱いてしまいます。

まず「精度」を求め、次に「スピード」を求める。

このことをしっかり徹底するのです。

時間をかけてもよいから正確に仕事をさせ、ゆっくり落ち着いてやるよう指示しましょう。集中を欠いているなら、それを指摘しましょう。

そうしてできるようになってから、次にスピードを求めるのです。

これは確かに面倒ですが、初めのうちに叩き込んでおかなければ直らないことなのです。

15 叱る前にすべきこと

いったん冷静になり、まずは「言って聞かせる」

教えるときには、しっかり「叱る」ことが大切です。

「怒る」のは、自分の腹立ちを解消するため。「叱る」のは、部下を成長させるため。

上司にも、同僚にも、部下にも、ときには客先にも頭にくることは誰しもあるでしょう。

特に経験や知恵の乏しい人間に「こんなことぐらいわかれよ」「わかったらちゃんとやれよ」と腹が立つ気持ちは、痛いほどわかります。

ましてや、「教えてもらって当たり前」と平気で言う回答依存症部下や、わかったふりをして、何度も同じ間違いを繰り返す軽率無責任部下は、頭にきます。

昔であれば、「バカヤロー」なのですが……今はいけないことになっています。

まずは自分の任務だと思って、とにかく、ここは冷静にしっかりと教えることです。

回答依存症部下には、わからないことは調べさせ、これが必要だということは言葉でイチから説明しましょう。

軽率無責任部下には、出来上がりのチェックを習慣付け、責任の重要性についての説明をしてあげましょう。

まず叱る前の段階で、言って聞かせるのです。

それでも、何度も同じ間違いを繰り返すような部下には、「叱る」ことが必要です。叱るポイントについては次の項目で説明します。

付け加えて、先ほど「バカヤロー」はいけないことになっていますと書きましたが、これも場合によります。

心底相手を思い、それがちゃんと伝わっているなら「バカヤロー」もありだと思います。

それで相手が育つのであれば、そう相手に言っておけばよろしい。

自慢ではありませんが、私の尊敬する2番目のメンターには10年ぐらい教えていただきましたが、毎日のように「バカヤロー」と言われました。

怒鳴りつけるような「バカヤロー」や軽蔑的な「バカヤロー」はほとんどありませんでしたが、笑顔で声を低くして「バカヤロー」といつも言われていました。それぐらい言った方が、私にとってはよいと判断されていたからでしょう。私も、教える熱意を十分理解していましたので、その言葉は特に気になりませんでした。

16 叱るときのコツ
「5つのポイント」で部下の心に響く！

叱るときのポイントを5つお教えします。

①短く叱る。順序立てて話をし、途中で相手が理解したようであれば、その時点で切り上げます。全部を言いたい気持ちはわかりますが、くどくなると相手も聞く耳を持たなくなります。「短く」ということを覚えておきましょう。

②気づいたそのときに叱る。もしさかのぼって2、3日前のことを叱られたとしたら、指摘された方は違和感を感じるでしょう。なんでそのときに言ってくれなかったのかと思うのが当たり前です。

③そのことだけを叱る。「これは間違っている」と今日の出来事を叱ればよし。「ところで1週間前にはこんなこともあった」「あれもあった」などと昔のことをほじくり返して叱るのは御法度です。古い話を持ち出すのはナシにしましょう。

④どこで叱るかは相手や場合による。「叱るときは他人がいないところで、褒めるときは

人がいるところで」とよく言いますが、これは相手を思いやる原則のようなものであって、私は必ずしもいつもそうあるべきだとは思いません。誰の目から見ても、周囲に相当な迷惑をかけているのであれば、関係者の前で叱ることも必要です。他の人にも周知徹底しておく必要があれば、その場で指摘すべきなのです。ただ、相手の性格もありますから、それは頭に入れておきましょう。

⑤環境や事柄から叱る。話題にも「重さ」があります。軽い順に並べると、挨拶、雑談、環境、事柄（行為）、能力、人格という具合です。

たとえば、遅刻を叱るときは、挨拶、雑談から入り、「最近電車がよく遅れるよな」と環境を言った後で、遅刻の事柄に触れます。これで相手が重要性に気がつけば、それで終わり。それでも遅れるようであれば、「遅刻は周りの士気にかかわる。誰もが遅刻しないよう努力しているのだから遅刻はいけない」としっかり行為を叱ります。

それでも直らないのであれば、「自己管理能力」を問います。「もっと自己管理をしろ」と叱るのです。

ここまで叱ればもう大丈夫です。間違っても、「お前はけしからん。こんな人間だから」と人格否定をすることは避けましょう。

叱るときの「5つのポイント」

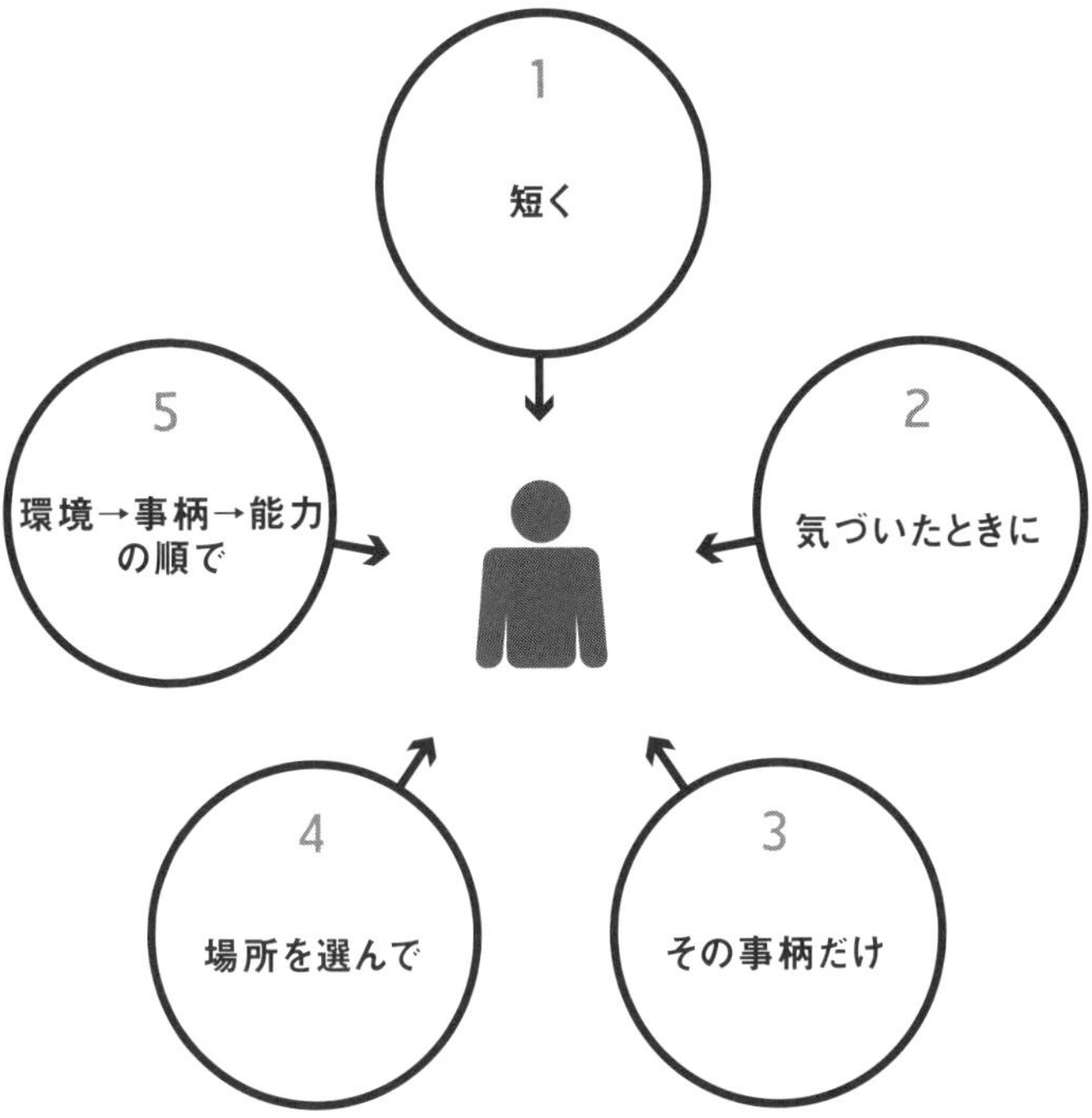
1
短く
2
気づいたときに
3
その事柄だけ
4
場所を選んで
5
環境→事柄→能力の順で

しっかり叱ることで部下の成長が加速!

17 褒めるときのコツ

「5つのポイント」で部下の成長を後押し！

褒めるときのポイントを5つお教えします。

①**「私」や「部署」を主語にする。**普段褒め慣れていない人が「君の○○がいい」と「君」を主語にして言うと、言われた方も違和感があり、「無理しているな」「取ってつけたように褒めやがって」と思ってしまうかもしれません。

そうではなくて、自分がどう感じたかを言うのです。「あれは、(私は) ありがたかったよ」「早くやってくれてうちの部署が助かる」というように、「私」「うちの部署」が主語だと自然に伝わります。

②**何度も褒める。**人は褒められて嫌な気はしません。褒めることや感謝することは、何度か重複しても一向に構いません。本人の前で褒めて、また別の人の前で褒め、また思い出したように褒める。これがけっこう効果的です。

③**自分の上司や同僚にも部下のいいところをアピールする。**たとえば、部長があなたの

部下に出くわしたときに、「君は○○ができるそうだな」と言われると部下は実に気持ちがいいものです。第三者から褒められる状況を作ってあげるのも、あなたの役目です。

逆に、第三者から自分の悪口を聞くのは最低です。決して部下の悪口は他の人に言わぬこと。正す相手は本人なのですから、本人に直接注意すればいいのです。

④初対面の客先などで紹介するときに褒める。「こいつはちょっと生意気なんですが、この分野はなかなかしっかりしているのでよろしくお願いします」「まだまだ経験不足ですが、やる気だけは人一倍あります」など、部分否定をしながら、全体としては認めていることを客先で本人に聞かせるのです。これも、本人のやる気につながることは間違いありません。

⑤人格から褒める。これは、叱るときと反対です。「お前って、頑張り屋なんだね」と人格を褒め、「仕事の処理能力が高いと思うよ」と能力を褒め、「よく勉強しているな」と行為を褒めるという具合です。

この5つのポイントを押さえて、部下のいいところはたくさん褒めてあげてください。

褒めるときの「5つのポイント」

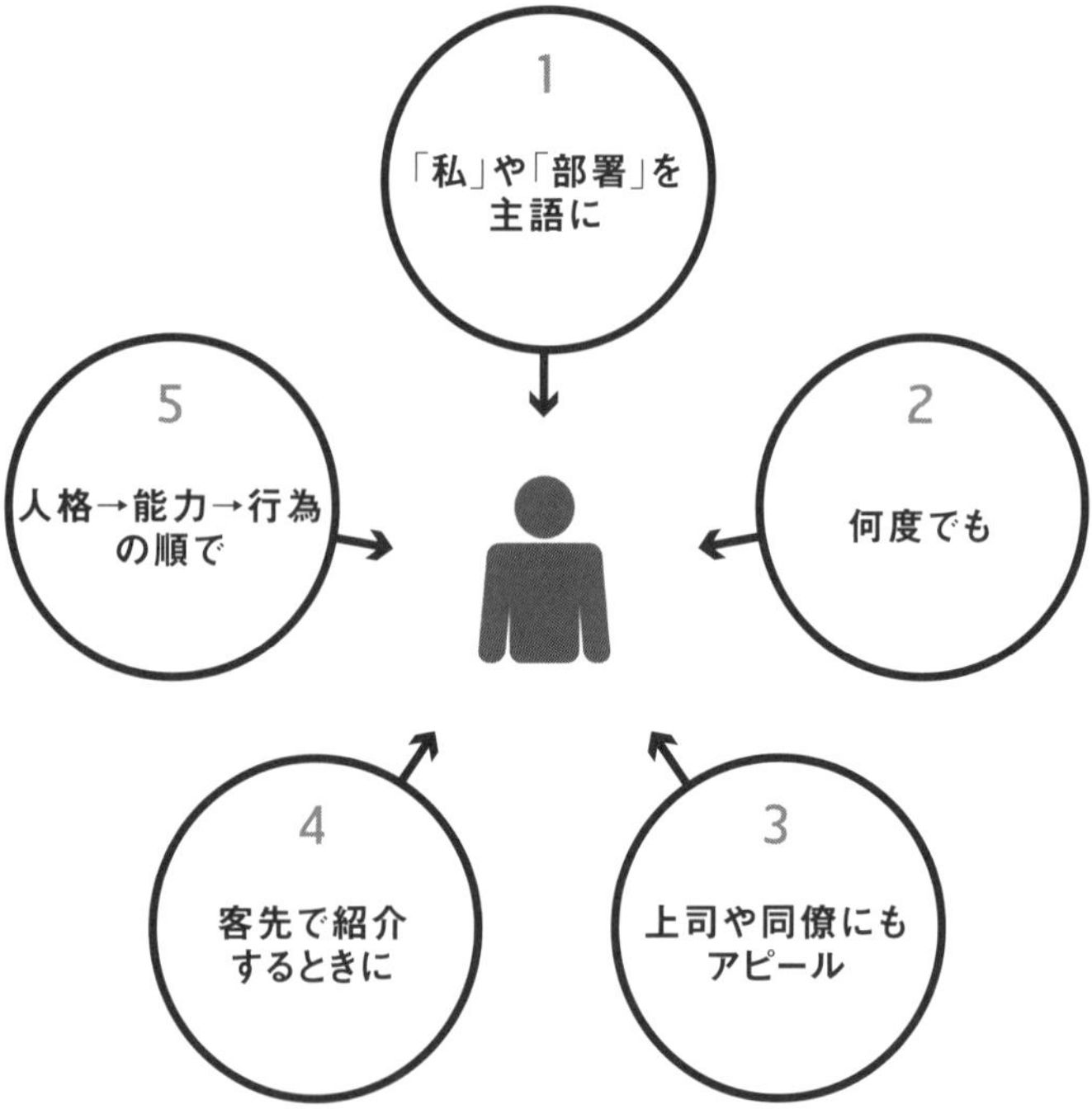
1
「私」や「部署」を主語に
2
何度でも
3
上司や同僚にもアピール
4
客先で紹介するときに
5
人格→能力→行為の順で

たくさん褒めることで部下のやる気もアップ!

18 応援する

「力強い一言」が部下のやる気に火をつける！

部下の背中を押してやることも、上司の大切な仕事です。

人間誰しも迷いがあります。

上司から言われた仕事でさえ、「このまま続ければいいだろう」と思っていても、「本当に続けていいのか」「後でダメ出しされないか」と不安を持っています。

これは経営者でも同じです。確固たる思いで方針を貫いていても、「果たして自分は間違っていないか」と自問自答をしょっちゅう繰り返しているのです。

私は、たくさんの経営者の方とお付き合いをさせていただく中で、よく「これでいいのだろうか」と本音の声を聞きます。

このような場合、私見ながらと前置きをして「ここはいいと思います。こういう理由で」と申し上げます。

相手は、いいと思っているから進めているのです。ですから私も、いいと思ったら迷わず強く背中を押してあげるようにしています。

ここでは、自分の考えや思いを、他人を通して再確認することができます。自分だけではなく、他人も共感してくれていることがわかるので、それが心の支えとなるのです。

部下も一緒です。

黙って見ているだけではなく、報告を受けたときや相談があったときには、しっかり相手を認めて、

「その調子でいい！」

「君の意見に賛成だ！」

と言って相手の背中を押してやることです。

これがあることで、部下のモチベーションは上がります。それに伴い、行動力も上がっていきます。

上司の応援は、部下の「仕事の原動力」となります。

叱ること、褒めること、いろいろあると思いますが、ときには部下の仕事を「応援する気持ち」で激励の言葉をかけてあげてください。

19 注意する

ときには「第三者の言葉」を使うのが効果的

自分の考えだけを伝えるのではなく、ときに第三者の言葉を引用するのも効果的な指導法です。

私は過去に、熱血漢でストレートな若者と仕事をしたことがありました。すばらしい人物なのですが、まだ社会人経験が浅く、仲間や客先と必要以上にぶつかっていました。

私は正直どう彼を導けばいいか迷っていました。言っていることは極めてまともなのですが、理想を追い過ぎていて他人に厳しい。できないことも絶対やるべきであると譲らず、ひとり暴走してしまう。そして、しょっちゅう周りにキレていました。

私が、あれこれ考えて困っているときに、私の上司が彼にこう言いました。

「『おいあくま』というのを知っていても損はしないよ」とにこやかに彼に言ったのです。

「先輩から聞いたことだが、大事なことだと思う。お、おごらず。い、怒らず。あ、焦らず。く、腐らず。ま、負けるな」と。

私の上司は、私に対してはいつも「バカヤロー」でしたが、彼に対しては先例を出して注意したのです。

私が「お前はやりすぎだ！」と私の価値観で熱血漢の彼に言っても、かえって反発するだけだということを、私の上司はわかっていたのだと思います。だからこそ、先人という第三者を引き合いに出したのでしょう。

一人称で「これはよい」「これはダメ」と言うのと、「先人もこう言っている」「こんなことわざもある」という説明は違うのです。

一人称では「あんたに言われたくない」と反発しても、知恵深い三人称で説得されたら納得する人は多いのです。

蛇足ながら、私が先輩や先人の教えを本書でたくさんご紹介しているのも、同じ理由です。私がいくらかくあるべきとご説明しても説得力がありません。具体的な事例や先人の教えをご紹介することで、より説得力が増すのです。

教えるときは、自分の思いをぶつけることも重要ですが、ときには先人の言葉を活用してみてください。当たり前ですが、それらを勉強していないと活用できませんが……。

どんな声かけが有効?

昔、先輩から聞いたことだが…
ことわざにこんなのがある…
有名な○○も言っていたが…

“第三者の言葉”で部下の成長を後押し

20

結果を伝える

フィードバックで「小さな成功体験」を積ませる

高い目標を作って年に1度の成功を目指すより、低い目標でも年に何度か成功する方がはるかにモチベーションが高まります。職場での小さな成功体験を積ませること。それが仕事の喜びにつながり、自信につながるのです。

そのためには、あなたが、それをサポートしてあげなければなりません。

70ページの「完成形を見せる」で、書類の作成を依頼するときは、どのような場面で誰が見るのかを説明しておくべきと申し上げました。

これには、続きがあります。社内の会議にせよ、客先での打ち合わせにせよ、その資料がどうなったかを（面倒くさがらずに）説明してあげることが必要です。

「あの資料、社内の○○さんが褒めてたよ」

「お客様への売り込みがうまくいった。あの資料がよかったからだよ」

「君のおかげで、○○がスムーズに進んでいるよ」

部下に自信をつけさせるには?

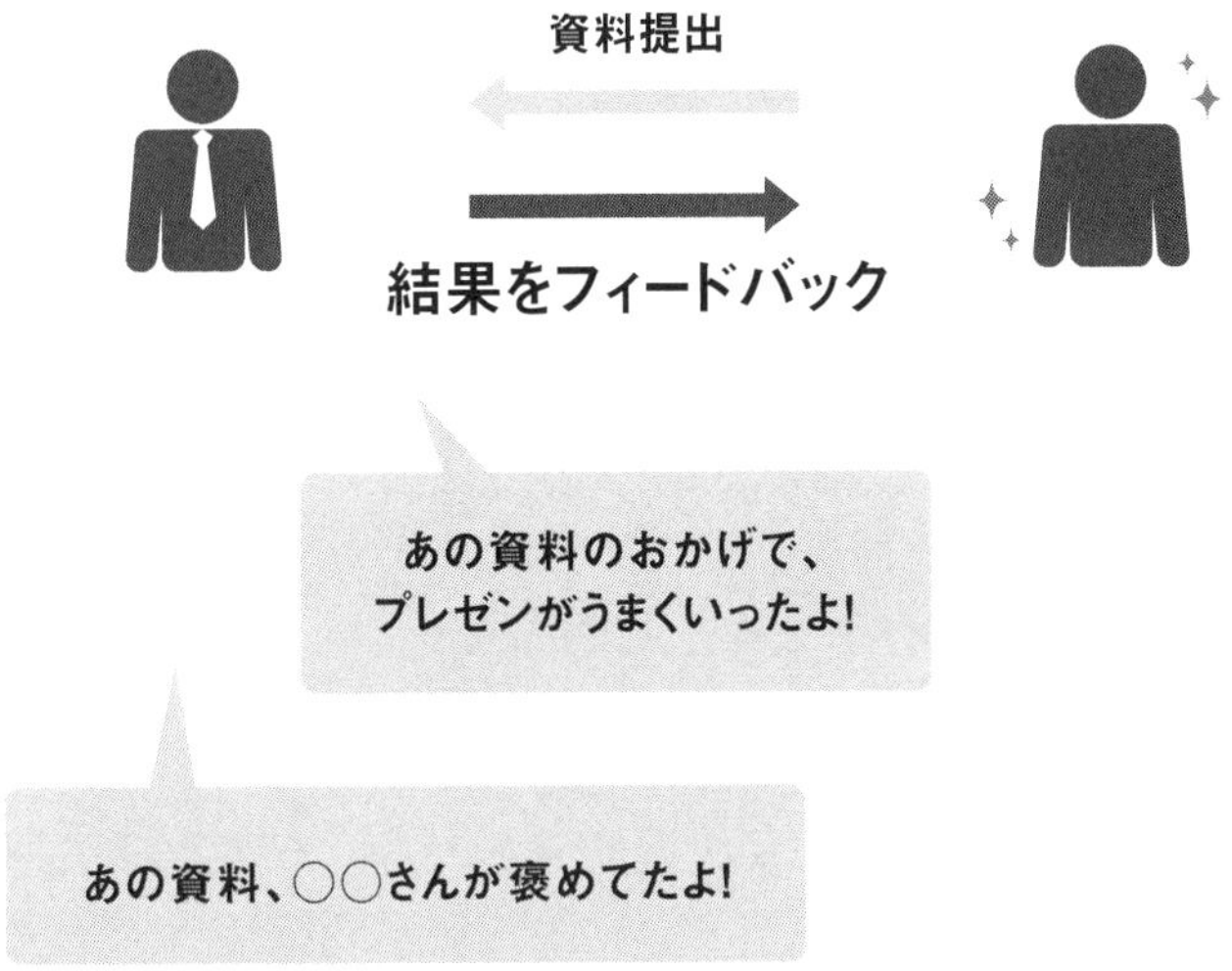
資料提出
結果をフィードバック
あの資料のおかげで、
プレゼンがうまくいったよ!
あの資料、○○さんが褒めてたよ!

最後までしっかりフォローする

とフィードバックすると、作成したほうだって嬉しいものです。

これが小さな成功体験となり、部下のやる気や自信につながるのです。

ちなみに、うまくいかなかった場合は、「資料とは関係なく、他のところでダメだった」と説明しましょう。それでも結果を部下に伝えることには意味があります。考える部下なら、「今度はこういうふうに作ってみようかな」と思考をめぐらせることでしょう。

もし、資料が問題であったのなら、「俺の指示がよくなかった。資料のここをつっこまれた」とやはりフィードバックするべきです。これがあるかないかで、次回の仕事の質が変わってきます。

いずれにせよ、無味乾燥な資料を作らされていると部下に思われるのが一番よくありません。

結果は別にして、**ちゃんと活用されていることを伝えること**です。そうすれば、工夫して作成しようという意欲にだんだんつながっていくのです。

小さな成功を何度も体験させて、部下の成長につなげる。

これがあなたの役目なのです。

21

自責を教える

「誰かのせい」にしているうちは、部下の成長は望めない

第2章で「相手を責めずに己を責めよ」とお伝えしましたが、自分が悪いのではなく、悪いのは自分以外と思いたくなるのが人間です。

だからこそ、部下にも、自責と他責について教える必要があります。

「景気が悪いので儲からない」

「雨が降っていたので、今日の売上が悪かった」

「こっちはしっかり説明しているのに、客先が聞いていない」

などの話は山ほどあります。あなたの部下もこんな話をしていませんか。

このように、他責にすれば、表面上は何でも解決できてしまうのです。

でも、そういうときこそ、

「景気は悪いが儲けている会社もある。自社の何が悪いのか」

「雨でもあの店は繁盛している。自分の店のどこがいけないのか」

「本当に自分は相手がわかるようにしっかりと説明しているのか」と、自責で考えるべきです。ここを考えないと物事の本質は見えてきません。

よくPDCAサイクル（Plan Do Check Action）を回せと言いますが、ここにも落とし穴があります。

いくらいい計画を実行に移しても、チェックする時点で物事を他責で考えると、次の正しいアクションにつながりません。

自分のやっている一連の動作は正しく、うまくいかないのは外部要因であるとすれば、いつまで経っても自分の動作がよくなるはずがありません。

部下が他責にしてモノを言うのなら、「それは他責であり、自責要因を考えなければいけない」としっかり言うことです。

私が小売業で苦労していた頃、ある人からこんなことを言われました。

「好景気とは80％の会社が儲け、20％の会社が儲からない。不景気とは80％の会社が儲からないが、20％の会社は儲けている。景気不景気にかかわらず儲けている会社はある」と。

まさに、他責の言い訳をさせぬ一言です。

22 行動を見守る

「だろう」と安心しないで「かもしれない」と注意を払う

事がうまく運べばそれに越したことはありませんが、そうならないのが世の常です。未熟な部下やいい加減な仕事ぶりの部下の場合、こちらも心配なのでよく見ています。「頼むから、失敗しないでよ」「いつ何をやらかすかわからないな」と、自分自身の仕事はさておいて、部下の面倒を子細に見ることとなります。

一方、部下も、自分が上司から見られているという意識を、半分甘えつつも持っています。普段失敗が多いだけに、指摘されることや叱られることを「一生の恥」などとは思っていません。

ところが、**ちょっと先が読めて責任感の強い部下となると、頼もしい反面、こちらもついその行動を見過ごしがちになります。**

なかには、「失敗は人に知られたくない」という、見栄も一緒に持っている部下もいたりします。こういう部下は、失敗したとき自分の力で解決しようとするのです。本来なら小さなクレームでも、上司にまず報告をして、それから解決に当たるべきところを、自分でやろうとしてしまいます。

よくあるのが、「ちょっと対応すればすぐ元へ戻る」と思うことです。そういう場合もありますが、逆に失敗が失敗を呼んで、ますます大事に至ることもあります。

コーヒーを運ぶ熟練ウェイターは、体勢を崩したらそのままカップを床に落とすそうです。カップは消耗品であり、一杯分のコーヒーのコストも知れているとわかっているからです。

ところが、新米ウェイターは、一杯のコーヒーを救おうと体勢を崩しながらも一歩も二歩も足を進めてしまう。結果、お客様の洋服にコーヒーをかけてしまう。大げさに言うと、二次災害を引き起こしてしまうのです。平謝りしなくてはならないわ、クリーニング代は出さなくてはいけないわ……大事に発展してしまいます。

慣れないうちは、責任感の強い部下、一見ちゃんと物事をやりそうな部下でも、「だろう」と安心せず、「かもしれない」と見ていてやることです。

ちなみに、しっかりしている部下ほど折れにくそうに見えますが、折れるときはバキッと折れます。失敗に慣れていないものなのです。

第4章

どうしてできない？
困った部下の「教え方」

伸びない部下の解決策

「こいつはダメだ！」と決めつける前に

前章では、部下を教える技術の基本をご紹介しましたが、ここではもっと具体的に教えることについて述べたいと思います。

こちらが言うことをすべて理解し、直ちに行動する優秀な部下など珍しいことはおわかりのとおりです。そんな部下ばかりの職場などありえません。

指示がよくわからないので行動しない人もいれば、指示はわかるが自信がないので行動しない人もいます。いずれにしても行動しないのですが、理由が違います。

前章冒頭で部下を見抜けと申し上げましたが、人は千差万別、行動しない理由もいろいろあるのです。**問題点を深堀して、理由を突き止めて、解決するしかありません。**

なんとかの一つ覚えのように、ただ「やれ」と命令し続けても解決できないでしょうし、毎日全員にコーチングをやっていては時間がいくらあっても足りません。

真の問題を発見する方法は、「なぜ？」を繰り返すことです。これは、有名なトヨタの「カイゼン」の方法にも出てきます。

見える問題の解決策と真の問題の解決策は、ほとんどの場合違うのです。

たとえば、「今日は頭が痛い」と友達が言ったら、「頭痛薬を飲む」のが解決策です。

しかし、ここで「なぜ頭が痛いか？」と聞いてみます。

そうすると、「実は昨日飲み過ぎた」との答え。飲み過ぎが問題であれば、禁酒すればよい。それが解決策となります。

が、もう一度「なぜ飲み過ぎたのか？」と聞くと、「ムシャクシャしたから」との答えがありました。ムシャクシャするなら、気晴らしをすることが解決策になります。

しかし、「なぜムシャクシャしたのか？」ともう一度聞くと、「上司と部下の間に挟まってしまった」と、ようやくここで本当の問題が発見できます。

その解決策は、上司か部下のどちらかに「ゴメンナサイ」をして、狭間から脱出することです。

このように「なぜ？」を数回繰り返すと、真の問題にたどり着くことができます。真の問題にたどり着いてから、その解決策を考えることです。

ちなみに、この方法は、クレーム対応や自社改善にも活用できます。

物事を深堀していくことで、部下の問題解決をしていきましょう。真の問題を発見し、正しいアドバイスをする。それには、見える問題を深堀することがカギとなります。

ここからは、悩める部下の行動にどう対処していくか、まず一度深堀をして考えてみます。「基本を教えたのになぜ成長しないの？」と思ったら、こんな「教え方」が足りないのかもしれません。

期待したものが出てこない、期限に遅れる、報告がなかなか上がってこない……など、上司の頭を悩ます部下はたくさんいます。しかし、問題を探り、足りない部分を一つ一つ教えることで、かならず部下は成長します。「ダメだ」と諦める前に、こんな「教え方」を試してみてください。

case 1

やり方に問題がある部下

「指示と違うことをする」「仕事の質が悪い」「仕事が雑」など、仕事のやり方に問題がある場合、これを見過ごすわけにはいきません。

これは、本人だけでなく周りにも迷惑をかけることになります。

誰かの仕事を邪魔したり、誰かの仕事が増えたり、誰かの仕事のミスにつながったり……放っておくと、社内だけでなく社外の人にまで迷惑をかけてしまいます。

何度も続くときには、それが癖になっている可能性もあります。早めに指摘して、しっかり正すよう教えましょう。

また、このような仕事を繰り返している間は部下の成長は望めません。一人前にするためには、基礎の部分をしっかり直しておくことが必要です。

今のうちに対処して、確実な成長につなげましょう。

指示と違うことをする

たとえば、「簡単に要点だけを箇条書きにするように」と指示しても、枝葉末節なことを10個もリストにしてきたり、必要以上に長たらしい説明を加えてくる部下。もしくは、主旨とは異なる的外れなものを提出してくることもあります。

対策

ここでまず確認すべきは、「指示をしっかり理解しているかどうか」ということです。

書類が出てきたときや仕事の報告があるときに、与えた課題を確認してみましょう。書類であれば、誰が見るかなどの方向性が合っているか。仕事であれば、期待されているものがわかっているか、聞いてみることです。

また、指示をする段階でも確認を怠らないことです。**一通りの指示が終わったら、部下に内容を要約させ、何か不明点があれば質問させることです。**

これは、部下への自分の指示のしかたについてチェックするいい機会でもあります。わかりづらい指示をしていないか、難しい言葉で伝えてないか、端折っているところはないかなど、指示のしかたについても、一度見直してみましょう。

仕事の質が悪い。仕事が雑

たとえば、なんとなく仕事を進めてしまっている部下。このぐらいで十分と自分で判断し、資料作成も中途半端なままで提出するのです。

対策

自分の仕事に責任感を持たせることが必要です。このような場合、もしかしたら部下は、内心「やり直しになってもいい」と思っているかもしれません。このような、業務に対するいい加減な意識を改めなければなりません。

「君の仕事も含めて、仕事の積み重ねが部署の業績につながっている」「責任を持って仕事に当たってほしい」と指導しましょう。**「間違うのが当たり前」と思わせないために、その都度言って聞かせることです。**

これは、しっかり最初に対処する必要があります。なあなあにしておいても、この先突然変わるなどということはありません。ですから、あなたが注意喚起することです。

その際には、最後に「期待しているから言っているんだ」という激励も忘れぬよう。これを一言伝えるだけで、部下の意識が変わります。

すぐ知ったかぶりをする

たとえば、最初は「わかっています」と答えても、こちらが深く質問すると「やっぱり、わかりません……」となる部下です。

対策

知ったかぶりは自分にとって損だと教えることです。仲間の社員に迷惑をかけ、周りから信頼されなくなり、一番みじめになるのは自分だと教えるのです。

さらに、一番まずいのは「わかっているか、わかっていないかどうか」が上司にわからないことです。こういうときは「わからないときはわからない、とはっきり言ってほしい」と言い切ることです。

部下がわかっていないのに、仕事を進めるわけにはいきません。

曖昧な返事で進めてしまうと、この先どこかでつまずく可能性があります。そのときには、事が大きくなってしまっている可能性がありますので、**「生返事をしているな」と思ったその時点で指摘**しましょう。

case 2

期限を守れない部下

期限を守れない人は、結構たくさんいます。

私も多くの部下を見てきましたが、期限を守れない人は、だいたい同じメンバーに決まっていて、なかなか直りません。

その人が期限を守らないだけで、その仕事に関わるすべての人が迷惑します。

ですから早めに対処する必要があります。

期限を守れない理由としては、優先順位がわかっていなかったり、段取りが悪かったり、スタートが遅かったり、考え過ぎだったり……いろいろな理由が考えられます。

十把一絡げにして、「おい、仕事が遅い」「さっさとやれ」というだけでは、いい教え方ではありません。

問題の根本は何なのかを把握して、それに合った解決策を見つける必要があります。

何でも依頼を引き受けてしまう

たとえば、周りの人からの依頼事項を、何でも「ハイハイ」と受けてしまう部下。自ら率先して仕事をする姿勢はすばらしいですが、できもしないのに安請け合いするのは問題です。

対策

上司として自分が指示したこと以外に、部下が他の人からの仕事をどれだけ受けているか、またルーティーンの仕事以外にどんな仕事を持っているか、上司として把握しておく必要があります。性格的に優しい人は、他人から頼まれやすく、本人もなかなか断れないものです。わかりやすく言うとお人好しですが、そのままいくと、仕事を受け過ぎて潰れてしまう可能性があります。

ですから、**部下の受けている仕事をチェックして仕事量をコントロールしましょう。**まずは、第3章でお伝えしたように部下には「ToDoリスト」を書かせ、優先順位をつけさせましょう。それを見て、これ以上の仕事は無理だろうと判断したら他に回す。そんな判断も必要です。仕事量は、部下の能力にちょっと上乗せしたぐらいの量が理想的です。

余裕を持って仕上げることを知らない

たとえば、ちょっとだけ締め切りに遅れる部下。「あと少し待ってください」が口癖です。いつも締め切りギリギリの進行なので、急ぎの用事が入るとすぐ遅れが出ます。

対策

締め切りの1日ないし2日前に終わらせることを心得させましょう。それが上司や周りからの信頼を得ることだと説明します。締め切りを守る人は、緊急な用事が入るかもしれないことを想定しています。それを頭に入れて、ペース配分をしているのです。

ときに仕事が重複して、仕事に追われる状態になってきたら、1日、2日残業したり、土日出勤したりして、追われる状態から脱出させることもひとつの手です。

仕事に追われている状態が継続するのは決して好ましくありません。毎日焦っていると、仕事の質も落ち、精神的にもプレッシャーがかかってしまいます。

私も、仕事に追われる状態になってきたら、土日出勤してその状態から脱するようにしていました。電話もかかってこないし、上司から仕事を頼まれることもその日はない。半分自分のスキルアップの勉強のつもりで、溜まっている仕事をやっつけました。

完成度にこだわりすぎる

たとえば、考え過ぎてなかなか仕事に着手できない部下です。

対策

昔、知り合いに「構想10年」とあだ名を付けられた人がいました（当時「構想10年、制作費3億円」などという映画の宣伝が流行っていたので……）。この人は、歓送迎会を企画するにも、「アノ店は安いがうまくない」「コノ店はおいしいが遠い」などと言って、結果いつになっても決めないのです。

こういう場合は、**完璧を求めるのではなく「できるものを求める」**ことです。何もさぼっているわけではなく、努力はしているのです。ただ、いつになっても仕事が終わらないのは問題ですので、プロセスも大事だが早く結果を出すのも仕事だと教えることです。

かくいう私も、ときどきこれにはまってしまうことがあります。講演の依頼を受けたとき、いい内容にしようとあれこれ悩み構想ばかりでレジュメ作成が進まないことも……。

「Done is better than perfect」（完全よりもやり遂げる方がよい）とは、今注目されているフェイスブックCEOのマーク・ザッカーバーグ氏の言葉ですが、心得たいものです。

case 3

何度も同じ間違いをする部下

何度言っても同じ間違いを繰り返す人がいます。

「いい加減にしろ！」と一喝したくなりますが、しっかり教えなければ、また同じように繰り返すだけです。

これは、新人部下にはよくあることです。

ただ、何度も同じ間違いをしているのに、いけないこととも思わず、恥ずかしいとも思わず、それが当たり前かのようにしている部下には注意が必要です。

新人の頃なら、それも少しくらいは許されるかもしれませんが、そのまま成長しないようでは困ります。

今のうちにしっかり原因を探って、指導するようにしましょう。

ケアレスミスが多い

たとえば、伝票や書類にヌケがあったり、誤字脱字があったりする部下です。

対策

これは「見直す」習慣をつけさせることです。

書類や伝票であれば、まず**一通りやらせた後、数字だけ、文章だけ、テニヲハだけ、と分けてチェックさせます**。こんなことまで教えてやらなければいけないのかと文句を言いたくなる気持ちはわかりますが、同じ間違いを続けさせるわけにはいきません。

自分で作成して、自分でチェックする。つまり、部下の仕事の「自己完結」を促すということです。

「この書類作成は君の仕事。他人にチェックを任せないでほしい」と声に出して伝えましょう。「誰かが助けてくれるだろう……」という甘い考えで、仕事をさせてはいけません。

それには、責任を問うことも大切です。「君が間違うことによって、仲間が迷惑する」「責任を持って取り組んでほしい」と一緒に伝えることで、改めて自分の仕事を見直すことでしょう。

仕事のツメが甘い

たとえば、途中まではある程度できているが、最後の最後で間違ったり、締めくくりができていない部下です。

対策

先にお伝えしたように、見直しをさせることが必要ですが、それでもツメが甘い場合には、「ここまでいい仕事をしているのだから」とできている部分を認めた上で、「もう少しなのにもったいない」「惜しいところでぬかるな」と指導することです。

ただ「これはダメだ」と叱るだけでは、部下は伸びません。できているところはしっかり認め、褒めることが必要です。

また、「手を抜いているだけ」という場合には、「**君はもっと実力があると思うが、今何%の力を出しているか？**」と聞いてみましょう。おそらく、「60～80%ぐらいですかね」という答えが返ってきます。そこで、「だったら、もう少し力を出しなさい」と言うのです。

私も若いときに上司から質問され、ドキッとしたことがあります。手を抜いているつもりはなかったのですが、雑な仕事をしていたのでしょう。この問いは特に効果があります。

単純作業で手を抜く

たとえば、仕事を「やらされている作業」だと思い込んでいる部下です。

対策

伝票一枚でも大切な仕事であると認識させましょう。「作業ではなく、仕事だ」と教えるのです。そして、**「何か改善できる部分はあるか」「何か工夫できる部分はあるか」**これを問うてみましょう。ここでは、部下に考えさせることが大切です。

同じような簡単な作業をさせられていると思えば、誰しも退屈してイヤになります。結果、いい仕事をしないのです。

しかし、大切なことは、何事もきっちりとやり遂げることです。やらされているのではなく、自分で考えながら仕事をすることです。

こんな仕事はやってられないと思っているようであれば、この言葉を伝えてください。

「下足番を命じられたら、日本一の下足番になってみろ。そうしたら、誰も君を下足番にしておかぬ」（下足番という一番下の仕事でもきっちりやると、次は大事な仕事が回ってくる、という意味です）これは、阪急電鉄の創始者である小林一三氏の言葉です。

case 4

報告が中途半端な部下

会社は組織として仕事をするから個人経営より効率がよいのです。

経営、管理、人事、経理、営業、開発、製造などの専門部署があり、その道のプロがいます。また、ヒエラルキーと呼ばれるピラミッド状の組織となっていて、指示命令系統も明確になっています。

しかし、これが機能するには大前提があります。部署間や上司部下間で、しっかり連絡や報告などの意思疎通ができていることです。

指示命令は上から下へ伝えられますが、反対に、売上変化や市場変化、競合状況など現場の情報は、下から上に迅速に伝えられなければなりません。

人の噂や人事上の秘密は、あっという間に伝わるのに、大事なことが伝わらないなどよくあること……。部下には、基本である「報告」はしっかりするように伝えましょう。

悪い報告が上がってこない

たとえば、自分から悪い報告をしない部下。たまに、部下から報告を受ける前に、客先の課長から「聞いてると思うが、あの件に対する御社のご担当の対応はひどいのではないか」などと電話がかかってくることがあります。本来、部下からの報告を受けて、こちらから先方の課長にお詫びをしなければいけないところです。それなのに、「聞いてないの？」とコミュニケーション不足を露呈して大恥をかくことがあります。

対策

自社のミスやちょっとした事故などの報告がすぐに上がってこないと、大きな問題につながる可能性があります。対処が遅れると、売上が下がったり、会社の名前に傷がついたり、ときには会社が潰れたりもするのです。それほど、報告は大事ということです。

報告のやり方については第3章でお伝えしましたが、加えて、「**悪い報告は先に、いい報告は後で**」と伝えましょう。悪い報告は、なるべく早く知っておくべきだからです。

なかなか報告しづらいものですが、隠す方が問題です。「何かあったか？」と上司から話しかけ、部下が報告しやすい環境を作ってあげることも必要です。

報告が少ない。詳細を話さない

たとえば、「問題や変わったことはないか?」と聞くと「いえ、特に」「別に……」と言って詳細を語ろうとしない部下です。

対策

これは報告の少ない人の典型的なパターンです。

こういう人には、**先週月曜日からどこで誰とどんな話をしたか、スケジュール帳を見て話をさせることです。**具体的な話をしているうちに、本来報告しなければいけないことが出てきたりするので、それを指摘しましょう。

もしかしたら、何を報告するべきなのか、何が重要な話だったのかがわかっていないだけかもしれません。時間を取って部下の話を聞くことで、報告すべきことはどんなことか、部下もだんだんわかってくるでしょう。

また、少し慣れてくると、結果だけを報告すればいいと思い込む部下がいますが、それは間違いです。何かあってからでは遅いのです。

91ページで述べたように、しっかり3つの報告を教えておきましょう。

報告をメールで済ませる

たとえば、「あの件どうなってる？」との上司の問いに対して、「3日前にメールしておきましたよ」と言う部下です。

対策

メールが主流になっている現在では、報告もメールで済ませる部下がいます。

しかし、ときにメールを見逃していたり、メールが届いてなかったりなどが考えられますので、部下には、**「大事なことはまず口頭で報告する」**ということを徹底させましょう。

これは、しっかりと部下に伝えておくべきことです。

もし必要とあらば、その後に、レポートなりメールなり書面でもらうのもいいでしょうが、まずは口頭の報告が必須です。この方法を取ることで、行き違いなく、物事がすんなり進むようになります。

「メールで報告したじゃないですか……」などと、部下なりの言い分もあるのでしょうが、この報告のしかたはダメだと言い渡しておくことです。

case 5

積極性に欠ける部下

「やる気がない」と言ってしまえばおしまいですが、それでは部下は一向に成長しません。積極性に欠ける部下であっても、それをサポートするのが上司の役目です。

「あいつはどうせしないから」「あいつに頼むより、自分でしたほうがいい」なんて、自分から部下を見放してはいけません。本当にやる気のない部下にとってみれば、上司から何も言われないのは「部下の思うツボ」です。

また、実は「やる気がない」のではなく、「やり方がわからない」「やらなくてもいいと思っていた」「自分がするべきではないと思っていた」……なんて勘違いしていることもよくある話です。

積極的に上司から関わって、部下の成長を支えてあげましょう。

曖昧な返事で結局やらない

たとえば、「できれば今週中にやります」「できれば調べておきます」というような返事をする部下です。

対策

このような、曖昧な返答は禁物です。

「してもしなくてもいい」という仕事の進め方は、部下を成長させません。

ここでは、「やるかやらないか、どっちだ?」とはっきりさせることが重要です。

自分の言葉に責任を持たせるのです。

同様に、あなた自身も自分の言葉に気をつけましょう。

「できたらやっておいて」「できたら調べておいて」などと自分が言っていませんか?

「かならず今週中に仕上げてほしい」「明日までに調べておいてほしい」と、期限も明確にして、仕事を頼むことです。また、「これはやらなくていい」と、しなくていい仕事を明確に伝えておくことも必要です。

あなたも部下も、曖昧な表現は避け、自分の言葉に責任を持つようにしましょう。

会議で発言しないで、後で文句を言う

たとえば、少ない人数の打ち合わせでは自分の考えを言うことができても、大きな会議では「だんまり」になる部下。日本人の特徴かもしれませんが、会社としてはこれは困ります。

対策

ここでは、「公式の場で反対しなければ、後から反対してもダメなのが会社だ」と明言することです。そして、あなた自身もそれを実行することです。

ひどい部下には、「毎回の会議でただ座っているだけなら会議に出ている意味がない」とガツンと言うこともよろしい。

そのかわり、**何か発言があったときには、後で「今日の指摘はよかったよ！」「あの発想はおもしろいな！」と、声をかけてやりましょう**。意外とこの一言が部下の心に響くのです。部下も、自分の考えを大勢の前で言うのには勇気がいります。このような上司のサポートがあると、部下の安心感につながり、それが自信に変わっていくのです。

「評論家」気取りで動かない

たとえば、それらしい理由を見つけることに全力を出す部下。「他社がやらないのは、採算が見込めないからだと思います」「その部分は為替のリスクがあると思います」などと知識らしきものを持ち出して周りを納得させようとします。

対策

知識だけは一丁前にあるのですが、それで完結させようとして、結局行動につながらないのです。であれば、しっかり指摘する必要があります。

口だけの評論家は、新人だけでなく中間管理職にもいっぱいいますが、若い頃からこれでは先が思いやられます。

「失敗は若手の特権」

「結果はどうあれ、やってみろ」

「失敗してもいいからまず行動」

と部下の背中を押す一言を言ってあげましょう。

このような上司の言葉が、部下の成長には不可欠なのです。

case 6

周りの士気を下げる部下

ここでは、職場でよくある問題を取り上げます。

部下は、はじめのうちは自分のことで手一杯になっています。なので、周りのことを考える余裕さえない状況です。これはいたしかたないことです。

しかし、仕事はひとりでしているわけではありません。

周りの人も一緒に仕事をしているのです。間違っても、部下の何気ない発言や行動で、周りの人の士気を下げてはいけません。

上司として、気になる部下の言動はしっかり注意する必要があります。これは、一緒に働いている周りの人たちのためにもすべきことなのです。

多くは、「部下がそれに気づいていない」ということがありますので、まずは「気づかせ、注意をする」という気持ちで指導しましょう。

よく遅刻する

たとえば、プライベートの約束でもしょっちゅう遅れてくる部下。周りもそれを知っているので、どうせ時間に来ないだろうと見越して、遅れて集合することもしばしば……。

対策

友達同士なら「ごめん！」で済まされることも、仕事ではそう簡単にはいかないもの。遅刻が致命的になることもあるので、部下への指導は徹底しましょう。

第3章で「叱るときは行為を」とお伝えしましたが、行為を指摘した後で、しっかり言葉で伝えることも必要です。

「共に働く人への礼儀だ」「周りの人の気持ちも理解しなさい」「他のメンバーだって同じように眠いのに、時間を守ろうとしている」と伝えましょう。言われないと気づかない部下もなかにはいるのです。

ちょっとしたことで信頼を失うのは、とても惜しいことです。また、客先への遅刻は、自分だけではなく会社の信頼もなくすことになりますから、しっかり指導しましょう。

自分の仕事しかしない

たとえば、ある特定分野はしっかりやるが、それ以外の仕事はしない部下。自分の担当している伝票は実にしっかり作成するのですが、別のちょっとしたことを依頼すると「今取り込んでいます。それは私の担当ではないと思います」と言って仕事を受けないのです。

対策

自分の仕事をしていればそれだけでいい、という考え方では成長しません。

自分の部署だけでなく、他部署や会社全体のことを考えて仕事をするよう伝えましょう。「助け合いが必要」と直接その人に言うことはもちろん、会議などの席で全体に言って聞かせることも大切です。

それでも、なかなか直らないときには、思い切って担当業務の見直しを行うようにしましょう。**それぞれの担当業務表を作成し、全体を見て、抱えている仕事量が適正か見直すのも一案です。**

誰かに仕事が偏っていたり、反対にラクをしている人がいたりするのではなく、なるべくバランスよく割り振られているのが理想の形です。

言い訳が多い

たとえば、「お客のせい」「人のせい」と誰かのせいにして言い訳をする部下。自分の資料や説明が不十分であるのに、「あのお客さんはいつもわかってくれないんです」と言うのです。

対策

まずは、第3章で説明したとおり、自責と他責を教えることです。

自分の都合ばかりでモノを言っていては、自分勝手と言われるだけで成長できません。なので、「自分に落ち度はなかったか？」「何か自分にできることはなかったか？」と部下に聞いてみることです。この問いで、自責の考え方を教えるのです。

しかし、それでも言い訳しかしないようなときは、**「もし自分が逆の立場だったら、本当に落ち度はないと思うか？」**と聞いてみましょう。自分のことしか考えていない場合には、「相手が自分だったら」と考えさせることです。違う目線で自分を見てみることも非常に大切なのです。

客先で上司の話の腰を折る

たとえば、一緒に客先に行って、重要な説明をしている最中に横から関係のないことをベラベラ話し出す部下。本来触れるべきではない余計なことをついしゃべってしまう部下もいます。

対策

大事な商談で、「このままいけばいい感じだぞ」と安心したのも束の間、いきなり部下がいらない話で割り込んできてチャンスを逃す……。部下との同行は、意外とハラハラするものです。

こうならないためには、どうしても説明したいことがあれば、「一段落したところで『補足ですが……』と言うように」と部下を指導することです。

また、**メインスピーカーと補足説明者を事前に決めておく**ことも必要です。できれば、メインスピーカーは部下にさせて経験の機会を与えましょう。そして、自分が「補足として」「念のために」などとフォローしてやることです。こちらの方が部下は成長します。

第5章

これで一人前！
ワンランク上の「教え方」

1 上司としての覚悟

「自分より立派な部下を育てる」という意識で

講演や研修などで、こんな質問をすることがあります。

「部下教育の重要性は理解していると思いますが、実際に自分の部下に抜かれてしまったらどうしますか？」

すると、ほぼ全員がこの質問には答えが出ずに、固まってしまいます。

建前の答えは別にして、本音は誰でもそれはイヤなのです。

そもそも、誰もそのようなことを想定していないのです。

そこで「部下には抜かれたくない」という方に、「では、将来、自分の子どもが力をつけ自分を超える人となったらどうですか？」と聞くと、それはほぼ全員受け入れるのです。

とすると、やはり部下と自分の子どもはどこか違うのです。

なかには、「私は部下をしっかり教えますが、抜かれないようにします」という答えもあります。

「では、部下があなたの10倍の努力を惜しまず行い、10倍の勉強と仕事を毎日続けてもあなたは抜かれませんか？」と質問すると、やはり答えに窮してしまいます。

私だって部下には抜かれたくないという気持ちは心情的にわかるのですが、現実はどう考えたらいいのでしょう。

その答えは、「部下に抜かれてもいいと思って部下を教育する」ことです。

もっと言うと、「自分より立派な部下を育てるという覚悟を持つ」ことです。

子どもはよくて部下には抜かれたくないというのは、その覚悟ができていないだけです。

できる人間が努力すれば、先輩を超えるなんぞ、世の常です。

そういう光景を見たことがあるでしょう。あなた自身も、今までに何人かの先輩を超えてきたかもしれません。

であれば、自分の部下であってもあなたを超える権利はあります。

「早く一人前にしてやろう」という純粋な気持ちを持って、部下がさらに成長するようにサポートしてあげてください。

2 部下との距離感
「つかず、離れず、甘やかさず」に切り替える

さらなる成長をさせるために、するべきことがあります。

それは、「子どもの自転車を後ろで支えている手を離す」ことです。かと言って、急に手を離して自分が立ち止まってしまったら、万一のときに助けることができません。自転車に乗っている方も、支えてくれる人が急にいなくなれば、不安になり恐怖心を持ってしまうものです。

ですから、実際は手を離しても後ろから「大丈夫！」「その調子！」と声をかけてやり、見守る必要があります。「何かあったときは、いつでも助けてくれる」と思うからこそ、思い切ってペダルをこげるのです。

部下も同じです。

早く自立したいと思っていても、自分の経験不足や実力の足りないことを知っています。

だからこそ上司は、支えている手を離した後も、部下を見守ってあげましょう。

報告を聞くことは継続し、任せるところは任せる。相談には大いに乗ってやる。ただし、仕事の緊張感は持たせるべきなので、甘やかしは禁物であり、違うときは違うとはっきり言うことです。

これからは、「つかず、離れず、甘やかさず」このスタンスがよろしいと思います。

また、手を離すときのサインには、こんな声かけが有効です。

昔の私の話になりますが、上司があるときから「これ、お前はどう思う？」と相談をしてくれるようになりました。自分は答えを知っていて私を試すための質問ではなく、「俺もよくわからないんだが、お前ならどうする？」と真顔で聞いてくるのです。

おそらく彼は、その時点で私が少しは成長したことを認めてくれたのだと思います。

もちろんそれまでは、毎日のように「バカヤロー」と言われていたので、この問いかけが少し気持ち悪かったのを記憶していますが、それ以上に認められたことが嬉しかったのをよく覚えています。

この声かけが、「君の成長を認めている」「これから手を離すよ」というういいサインになります。部下の成長を感じたら、ぜひ試してみてください。

３ 自立させる

「何が必要だと思う？」の問いかけが重要

前項で、手を離す際の声かけについてお話ししましたが、部下には「自分の意見を持つ」ことも教えてあげてください。

「これ、できました。次は何をしましょうか？」

ときたら、指示を出す前に、

「何が必要だと思う？」

と問い返してやるのです。

「次は何をしましょうか？」というのは自分が考えていないということです。人から答えをもらうのではなく、自分で考え答えを出させることがこれから必要になります。

「誰かが考えてくれるだろう」という気持ちを、「自分が考えなければいけない」という気持ちにさせるのです。

はじめのうちは、部下も自分に自信がないので「これをすべきだと思いますが、これでいいでしょうか」と相談してきます。

部下の意見がもっともだと思ったら、

「うん、そうだ！」

「私もそう思う」

「私ならそのようにする」

と、しっかり反応してあげることです。

ときには、部下とあなたの意見が食い違うこともあるでしょう。

そのようなときは冷静に議論すればよろしい。議論ですから、ちゃんと根拠や理由を示し、説明する必要があります。

「つべこべ言わずにこれをやれ」などと切り捨てるのは間違っています。

こちらから意見を求めているのですから、違うと思ったところの理由を伝えてあげることです。そして、部下の話も最後までしっかり聞いてあげることです。

このような上司のサポートが、部下を一人前へと成長させていくのです。

基本ができるようになった部下とは、こんなやり取りができるようになります。初めの頃に比べると、「成長したな」と少しは感じるのではないでしょうか。

4 決断させる

迷っているときには「1つだけ」大事なことを言わせる

部下の意見を聞くときには、「1つだけ大事なことを言いなさい」と教えましょう。これは商社時代の上司の大変貴重な教えです。私は、今でもそれを心に刻み込んでいます。

これは、部下の話がまとまっていなかったり、曖昧だったりするときに有効です。

昨年、知り合いを介して、ある30代半ばの女性と出会いました。食事の席で「私、結婚したいのです。どなたかいい人を紹介してください」と言われました。この方は、能力が高く、きれいな女性です。

そこで、私は2つのことを申し上げました。

「まず、人を紹介する者としてこちらにも大きな責任がある。深く知らない初対面の人に、人様を紹介するなんて、女性男性どちらにも私は責任を感じてしまう。だから、人に頼らず、自分でいろんな会合に出席していろんな人に会いなさい」と。

そしてもうひとつ。「1つだけ大事なことを言いなさい」と伝えました。

これを言う前に、「ところで、どんな男性がよいのですか？」と彼女に聞いてみたところ、「優しくて、男らしくて、経済力があって、背が高くて、カッコいい人がいいです」との答えが返ってきたのです。いったい、このような人はどこにいるのでしょうか。すべての条件を兼ね備えた人を見つけるのは非常に困難です。

そこで前述のことをお伝えしたのです。

すると、彼女は驚いたように、「ええー、たった1つですか？　せめて2つぐらいはいいでしょう？」と言ってきました。私は、「だめですよ。たった1つです」と伝えました。

後日お会いすると、彼女は「条件を1つ決めました。優しい人です！」と、しっかりとした口調で、私に説明してくれました。

その1カ月後、「今、遠距離恋愛をしています」と本人から聞きました。そして、なんとその後すぐに電撃結婚したのです。「おめでとう～！」の一言ですね。

話はそれましたが、部下にも何が一番大切か1つだけ言ってみなさいと伝えることです。1つだけというのはとても勇気がいることです。しかし、**条件を1つに絞れば、自分の中で軸が決まるので、すぐに決断することができ、すぐに行動することができる**のです。

部下が迷っているときには、これを教えてあげましょう。

5 行動させる

「自分で考え、行動する人」へと成長を促す

自分の意見を持つ大切さについてお話してきましたが、部下には、その先の「行動に移す」ところまで教えてください。第1章でも触れましたが、これから求められている人材とは、「自分で考え、行動する人」です。

「私はこう思います。だからこうしたいのです」と意見を言うことは、基本が身についた人であれば誰でもできます。しかし、それを行動に移せるかというと、なかなかできない人が多いものです。

ただ、上司のあなたがそれを容認しているようではいけません。

基本を覚えた部下にヘンな甘えはいらないのです。

部下には、「意見を言ったら、次は行動に移す」ということを教えましょう。

私は、誰でも参加できる「世田谷ビジネス塾」という無料の読書会を4年ほど続けています。

参加者の仕事は、メーカー、銀行、IT、旅行業、お菓子屋さんなど千差万別。年代も大学生から私より年輩の方までいますが、一番多い年齢層は20代～30代です。

その場の議論で、私が教えられることがいかに多いか、毎回驚くばかりです。

議論で、「自分ならこうします」としっかり意見をする姿勢も立派なら、その後の行動力もすごいものがあります。

ある女性は、手前味噌ですが拙著『女性《あなた》が職場で損する理由』（扶桑社）を読んで、その内容に共感し、自分も「行動に移す」と決意しました。

そして、そのすぐ後、1500人規模の男性主義の会社で一大奮起し、会社創業以来3番目の女性総合職になったと報告してくれました。

さすがに、これには部屋中が拍手の嵐となりました。

「自分で決めたことを行動に移す」これがいかに大切か、改めて学ばせていただきました。

彼女の行動力には、私も感服です。

これはあくまでもひとつの事例です。ですから、ここまで大きな行動を求めろと言っているわけではありません。

しかし、**「行動」ができるか否かで大きな差がつく**のは事実です。行動しなければ、成功するか、失敗するかはわかりません。

結果は誰にもわからないのですから、最初から失敗を決めつけたり、恐れたりするのではなく、「行動できる人」へと育てましょう。

意見を持てるようになった部下には、「その先の行動力も期待している」ということを伝えておくことです。そして、部下の意見を聞いたときには、

「よし、それをやってみよう」

「この方向でチャレンジしてみよう」

と背中を押してあげましょう。

ここでは、部下が自信を持って行動に移せるような、上司の働きかけが必要です。

部下が「自分で考え、行動できる人」へと成長していけるよう、しっかりサポートしてあげましょう。

部下を一人前にさせるには?

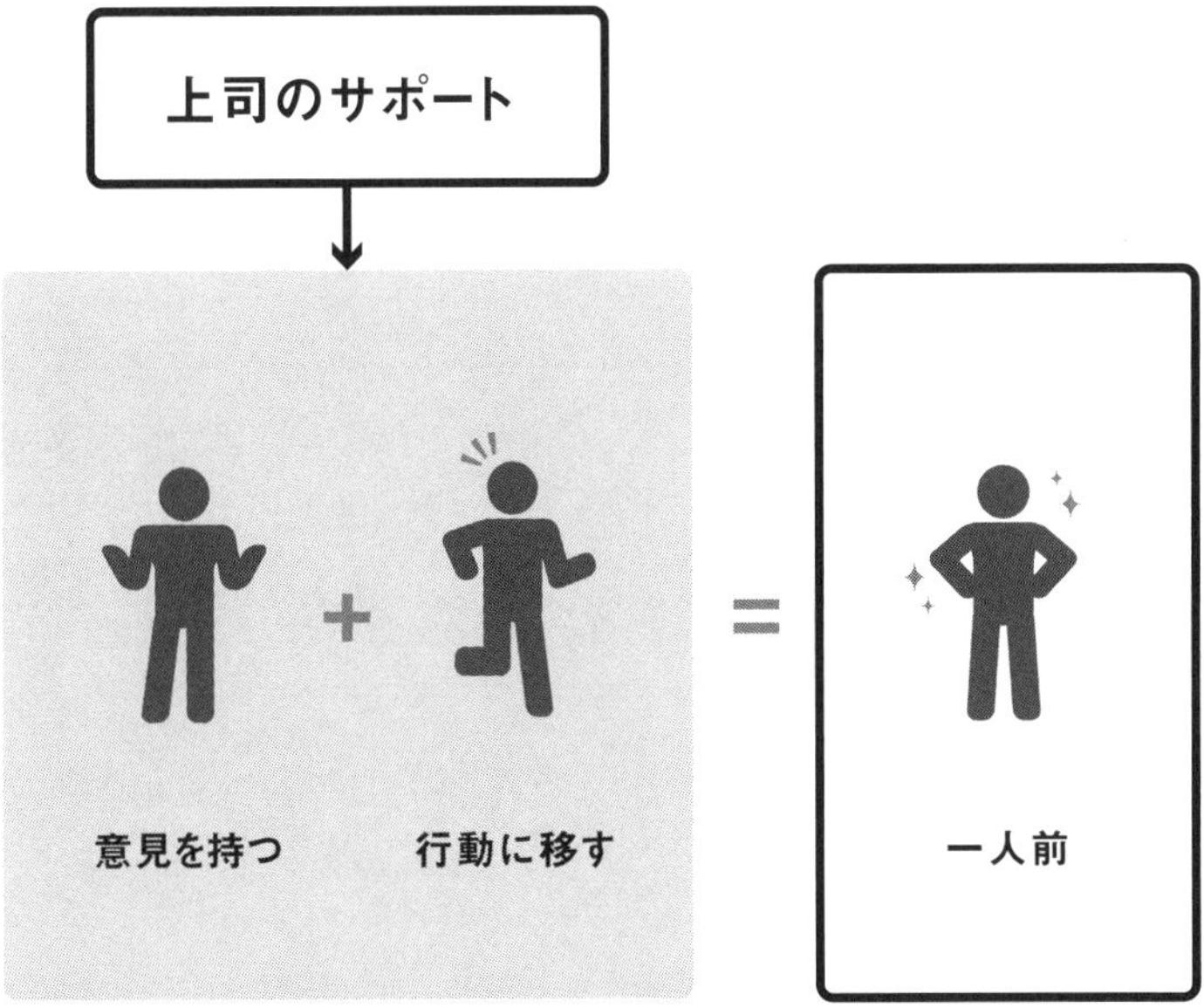

“意見を持ち、行動できる人”へと育てよう!

6 指示よりも示唆する

「アレどうなった？」で通じる関係がベスト

今までは、イチからすべて部下に教えてきました。

ここからは、命令しなくても、指示しなくても、示唆するだけでわかるようになればいい関係です。

部下の成長を感じてきたら、細かく命令や指示する段階はもう終わりです。その次のステップとして、「示唆する」ようにしましょう。

ひょっとして気がついていないかもしれないので、念のため示唆する。今までは示唆するだけでは通じなかったのに、今度はそれで十分通じる。これは、とても大きな成長です。

たとえば、「アレどうなった？」「アレ大丈夫？」と言う。

これだけでもう十分なのです。

私の若い頃の上司（私の2番目のメンターです）は、昔から「アレはアレしたのか？」と「アレ」という言葉をよく使っていました。

現在の私は、固有名詞をすぐ忘れるのでアレが非常に多く、社内外を問わずアレの連発で恥ずかしい限りです。自分では、アレソレ病と呼んでいます。

しかし、当時その上司はあえて私に「アレ」と言っていたのです。

自分が主語のときは「アレしておいた」とは言わず、「誰々さんに○○の件は話しておいた」と言い、電話でも「アレ」とは言っていませんでした。私への示唆として、意図的に「アレ」を使っていたのです。

「アレはアレしたのか？」と言われ、「○○の件でしょうか。かくかくしました」と言うと「それではないよ、アレだよ」とまた「アレ」で聞いてくる。しばらくその先輩の下で教えられ、だんだん「アレ」を当てる確率が高くなっていきました。相手の考えることを、自分で考えてしていたからでしょう。

もうこのときには、自分で考えて行動できるまでに成長していたのです。ですから「アレ」という示唆で、自分の仕事を上手く回せるようになっていました。

ちなみに、もちろんその先輩とは何十年もお付き合いをさせてもらっていますが、先日飲んだとき、自分が主語のときも「アレ」を連発していました。おそらく今はアレソレ病ですね。

7 学ばせる ①仕事から

1日8時間、身近なところでスキルアップ

成長には限りがありません。ですから、自分を高めるために、いつでも「学ぶ」姿勢を忘れないことです。これを部下にも教えてあげましょう。

1日8時間は会社に拘束されています。その間に「仕事から」学ばせることは、大きな成長につながります。

つまり、仕事を通して自分を磨き、実力をつけさせるのです。業界知識や仕事の能力は、家に帰って座学するより、会社で勉強する方がずっと効果的です。理解能力、説明能力、分析力、企画力、スケジューリング力、行動力、判断力、決断力などのスキルは、目の前の仕事をしっかりやれば身につきます。

また、同じ部署の人がどのように仕事を進めているかを知ることは、大きな学びにつながります。特に会議はお勧めです。周りの人がどのような発言をしているかよく聞き、自分ならどのようなプロセスを取るか、どれを選ぶかなどを考えさせることで、さらに自分

を磨くことができます。

また、他部署からもたくさん学べます。専門分野以外の知識も、長い目で見ればいつか役立つ重要な学びです。部下の成長につながることは間違いありません。

私は昔、たばこ部屋で法務部の先輩からたいへんすばらしい教えを受けました。

営業は、社内での仕事だけではなく外出することも多くありますが、法務部の人は、一日中社内で難しそうな契約書とにらめっこしています。

「朝からずっと、よく契約書を読み続けることができますね？」と私が尋ねると、「それはね、一字一句にのめり込まず、ポンポンポンと項目ごとにリズムをつけて読むんです。営業もメリハリがあるでしょうが、契約書もメリハリをつけて読むことです。定型的な条項もたくさんあるし、そのあたりはさっと読めばいいんです」と。

その話を聞いてから、私は契約書を読むのがずいぶん楽になりました。専門の人にコツを教えてもらうのと、そうでないのとでは雲泥の差があります。

自分の部署だけではなく他部署とも交流することにより、学びは加速します。

勤務時間内で、自分の仕事から、他部署の仕事から学べることは山ほどあるということを部下に教えましょう。

⑧ 学ばせる ②人から

「職場のメンター」の存在で成長が加速！

部下は、教える立場のあなたからだけではなく、あなた以外の人から学んでも構いません。それが部下の成長につながるのなら、上司としてはありがたいことです。

そこで、部下には「メンターを探せ」と教えることです。繰り返しになりますが、メンターとはあの人のようになりたいと思う心の恩師です。

あなたがメンターになればいいのでしょうが、毎日教える立場にいるのでちょっと現実感がありすぎるかもしれません。できるなら、隣のグループの先輩あたりがちょうどいいでしょう。

いつも視野に入っていて、ときどき食事も一緒にできるような身近なメンターが一番の理想です。

メンターができたら、その人が、どのように打ち合わせをしているか、どのように仕事を段取っているか、どのように会議で発言しているか、どのようにお客様からの電話に応対しているかなどを観察させましょう。あの人のようになりたいと思うメンターであるからこそ、受け入れられるところも多いはずです。

そこでは、メンターを観察するだけではなく「メンターを真似よ」とも教えることです。「学ぶ」の語源は、「真似る」と同じ語源であると言われています。

学ぶことはまず真似ること。 部下には、いいところをどんどん真似させ、成長を促していきましょう。

人からはたくさんのことが学べます。

論理的には、誰からでも学ぶことができます。イヤな上司でも、ダメな上司でも反面教師として学ぶことはできるのです。そこまで関係のない人からでも、学ぼうと思えばいくらでも学べます。

しかし、一番効率のよい学びが「メンター」であると言えます。日々働いている姿を見て、質問もできる。ぜひ、「職場のメンター」を部下に持たせるべきです。

逆に、あなたも隣のグループの部下から、メンターと思われる人材となっていただきたいと思います。

9 学ばせる ③書物から

左脳と右脳、どちらも上手に活性化！

私は、能力を左脳的能力と右脳的能力の2つに分けています。

左脳的能力とは、知識やスキル。たとえば、業界・商品知識、理解能力、説明能力、分析能力、企画能力などです。

右脳的能力とは、笑顔、さわやかさ、懐の深さ、ぶれない気持ち、思いやりなどの人間的魅力です。

当たり前ですが、知識やスキルは仕事をする上で必要な能力です。しかし、これだけで十分と思っているなら、それは違います。人間的魅力も一緒に持ち合わせてはじめて「能力がある」と言えるのです。

部下には、どちらもバランスよく持ち合わせた人になるよう教えましょう。

そのために、部下には本を読ませることです。

ここでいう本には、大きく分けて2つあります。

① ビジネス書
② 歴史書・小説

まず、①ビジネス書。

これらの本のいいところは、体系立てて物事を説明していることです。

先に仕事から学べることはたくさんあると申し上げましたが、職場で経験してわかっていても、論理的にわかっているとは限りません。どこか、感覚や慣れで進めているところがあったりするものです。それを一度、論理的に順を追って考えることで、明確な軸ができるようになるのです。

こちらは、左脳的能力をアップさせます。

もう一方が、②歴史書や小説。

こちらは、特に人間的魅力を表現しているものをお勧めします。動乱の時代に苦労を重ね生き抜いた人物が登場するものは、読み手の人間力を向上させます。

書物を通じて、その人物の人生をバーチャル体験することで、右脳的能力が鍛えられるのです。

私は、司馬遼太郎先生の『竜馬がゆく』『坂の上の雲』がよいと思います。前者は比較的若手に、後者は前者を読んだ人にお勧めしています。

どちらも、「人は生まれてきたからには一事を成せ」ということをテーマにしていると私は思います。

動乱の時代に自分の生き方を考える。そして自分ばかりではなく、周りの人に大きな影響を与える。そういう人間力に学びたいところです。

私の尊敬する先輩のお勧めは、司馬遼太郎先生に加えて、パールバックの『大地』です。激動の時代に苦労を重ね、精一杯生きた人間を表現しており、主人公に自分を重ねてみるといかに自分が小さなものであるかを知らしめてくれます。

ビジネス書と人間力を描いた書物は、まったく別の分野ですが、左脳と右脳それぞれを鍛える身近なツールです。

ぜひ、自分も読書をして、部下には書物から学ぶということを教えてあげてください。

「両方の能力」を持った部下へと成長させよう

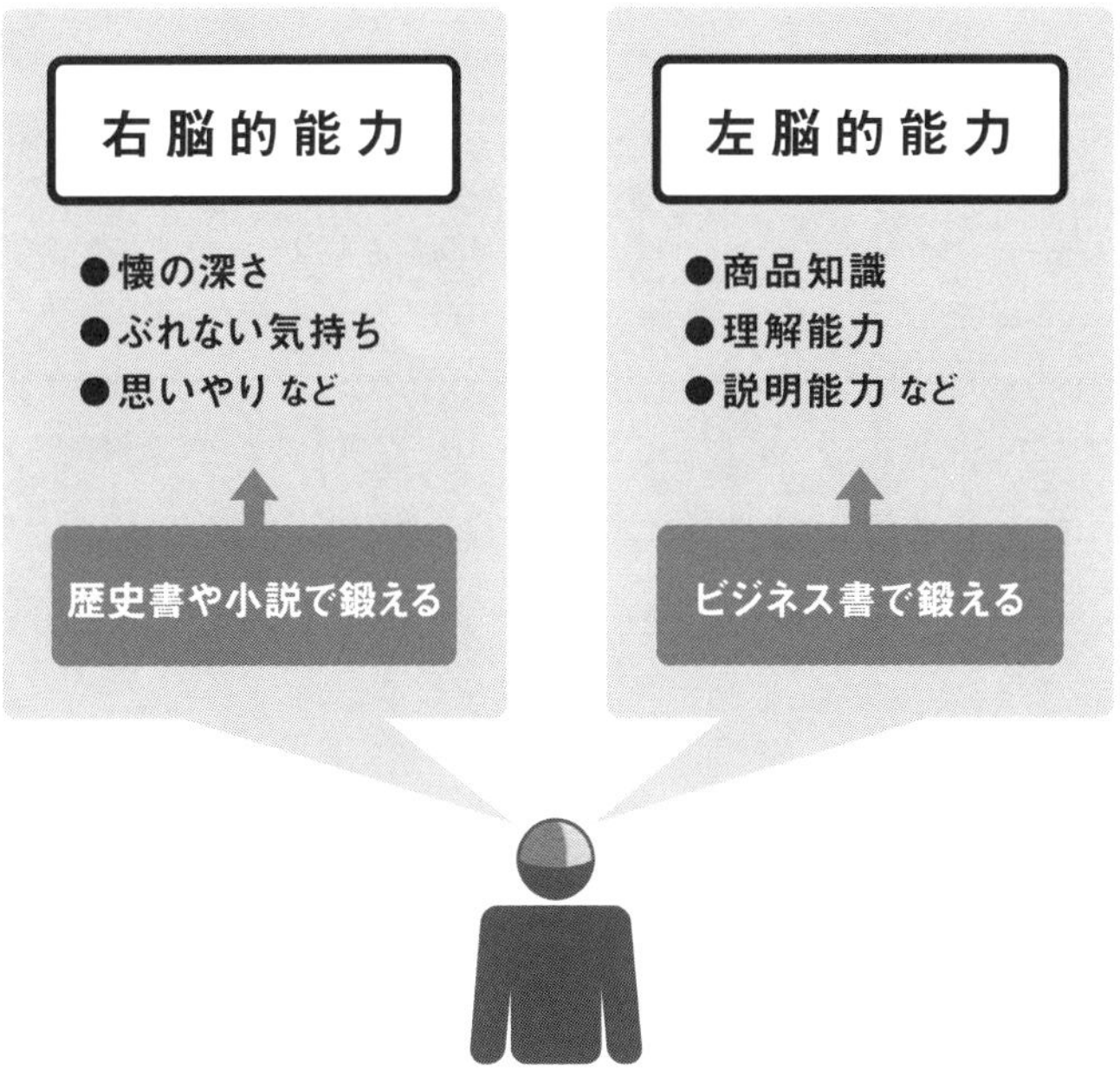

書物は右脳と左脳を鍛える身近なツール

10 得意分野を作らせる

知識は「広く浅く」より「狭く深く」から

知識や能力をつけさせるための勉強には、2つの方法があります。

広い分野を平均的に学ばせ、それらを同時並行してだんだん深堀させるというやり方。

もうひとつは、ある特定の分野を深く学ばせ、それができたら他の分野に広げるというやり方です。

私は、後者をお勧めしています。

得意分野をまず作らせると、それが自信につながります。狭い範囲であれば、比較的短時間で自分のモノにすることができます。「**○○の件は、あいつに聞けばいい」という得意分野ができれば、部下の大きな励みになります。**

このように、小さな自信を積み重ねていくことで、部下は一歩一歩成長していくのです。

そして結果として、「広く深く」を達成できるのです。

他方、広く浅くスタートすると、いつの日か広く深くを達成できるのでしょうが、得意分野ができるまでに長い時間がかかってしまいます。なかなか成功体験に至らないので、自信を持って仕事をするまでに時間がかかるのです。

私の知り合いのある先輩は、他の人が敬遠する分野を自分の得意分野にしました。名称は聞いたことがあっても「減価償却」という概念をしっかり説明できる人は少ない。そう思って、その分野を深く勉強したのです。

経理の人は別として、「あるときに現金で買い入れたものを資産として計上し、耐用年数に応じて費用化していく」なんて説明しても、わからない人は多くいるでしょう。

その先輩は、これを徹底的に勉強し「あいつは減価償却の専門家だ」と周りの人を言わしめたのです。人が聞いてくるので、ますます専門性が高まり、自信につながる。

その後も、同じような方法でそれ以外の分野を次々と自分のものにしていきました。

まずは、「狭く深く」。

そして、自信につなげ「広く深く」を目指す。

これを繰り返すことで、さらに部下は成長します。

11 仕事スタイルを持たせる

「強み」や「自分らしさ」を活かせる人材に

ある一定のところまで仕事を回せるようになったら、仕事のスタイルは部下に任せましょう。

たとえば、営業の場合。一人で客先へ行き、相手に不安を持たせずに話ができる状態であれば基本ができていると言えるでしょう。たとえ、その場で会社としての回答ができなくても、一旦会社に持ち帰り、上司の指示を受けたり意見をまとめたりして、期限内に返答できるのであれば問題ないでしょう。

このように部下がある程度成長してきたら、次は個性や得意分野を活用し、自分なりのスタイルを持たせることです。

私の同僚にはこんなタイプがいました。

①**非常に数字に強く、市場に詳しい人。**今後の市場動向について「仮にこれがこうなれば、この価格は上昇する」「こうなれば、市場は弱含み」と分析力を武器として、客先の信

頼を得るタイプ。

②論理的で、冷静沈着な人。同僚に仕事を説明するにも、大所高所から部分まで順番に伝えていき、どんなときも感情的にならないので、相手に安心感を与えるタイプ。

③要点はこれだと、ポイントを突ける人。「一言で言うと○○」「問題はこれで、解決策はこれ」とハッキリ言えるタイプ。

④情熱を持っている人。客先に「あなたは熱心ですね」「あなたにそこまで言われると断れない」と言われるタイプ。

⑤相手の懐に飛び込んでいく人。「社長、社長」と連発して、「あなたのためにできることは何でもしますよ」と言う可愛がられタイプ。

⑥背伸びをせず、おごらず、謙虚で、相手を常にたてる人。相手が恐れ入るほど礼儀正しく、(お客様と)電話しているときでもお辞儀をするようなタイプ。

このように仕事のスタイルにはいろいろなものがありますが、結論としては、どれでもいいのです。基本ができるようになったら、個性や特技を磨いてそれを出していくよう伝えましょう。

12 仕組みを作らせる

「効率」を上げるために必要なこと

仕組みとは、「〇〇であれば、こうする」と物事を予め決めておくことです。広義では、会社の規則や方針などもその範疇に入ります。部下には、できるだけたくさんの仕組み作りをさせることです。

たとえば、マニュアル化は、典型的な仕組み作りのひとつです。これにより、業務のヌケをなくし、専門家や経験者でなくても一連の仕事をこなすことができるようになります。ファーストフード店の顧客対応なども、マニュアル化の一例です。

一般の企業においても、伝統のある会社は仕組みがたくさんできています。たとえば、外出するときはメモ用紙にその行き先を書いて机の上に置くだとか、離席するときは書類を裏返しにするだとか……。会社として、部署として、いくつも仕組みを作り活用しているのです。

このような会社や部署での仕組み作りもありますが、これを個人に落とし込んでも構いません。「**書類は、このようにファイルする**」「**○○から電話があったら、自動的にこうする**」と独自のルールを作ってみる。これを周りの人との約束ごと、決めごととして、仕事の効率化を図るのです。

私が多店舗展開している小売業に携わっていた頃の話です。

私の机の隣の女性が、日々の数字を集計したデータを、エクセルファイルにて毎日メールで送ってくれました。しかし、パソコンの画面では数字が見にくいので、私はその度に印刷していました。これが実に手間だったのです。

そこで、その女性社員に、「エクセルファイルを送信するときに、同時にプリントアウトをして、机のここに置いてほしい」とお願いしました。翌日からは、私がプリントアウトする手間がなくなり、仕事がスムーズに進むようになりました。小さな例ですが、これが仕組みです。

上司だから仕組みを作っていい、部下だから作ってはいけないなんていう決まりはありません。部下には、効率的に業務を遂行するための必要な仕組みを作らせましょう。よちよち歩きの部下であれば、何事も自分でやれと指導するのもいいですが、ある程度のレベルになれば「仕組み化することで効率を上げよ」と教えることです。

13 信条を持たせる

周りから信頼されると、部下の自信につながる

自分の信条を持っておくことは、仕事の質を上げるためにも重要です。

私の話になりますが、昔働いていた商社では、入社のときに、機械、鉄鋼、化学品、エネルギーなどの部門に配属になると、その部門で一生勤め上げるのが普通でした。もちろん部門内の異動や海外転勤などはありますが、普通、部門は変わりません。

しかし、社内公募という新しい制度ができて、情報産業本部が人員を募集していることがわかりました。新しい部署は私にとって魅力的でしたが、これまでいたエネルギー本部の仕事はそれなりにわかっているし、人脈もある。どうしたものかと悩んで、前年度公募で部門を変わった同期に相談しました。

「まだ試験に受かってもいないのに何を悩んでいるんだ」

とまずはやさしく言われ、次の言葉ですべてが決まりました。

「今やって失敗するのと、やらずに将来後悔するのと、どちらをとるのか」

これをもっと短く考えると、「迷ったらやる」となります。

それ以来、私はこの言葉を信条とし、その通りにしています。

もちろん、迷ったらやらない人もいますが、私は「やる」のです。失敗もありますが、後悔はありません。これは信条であり、ちょっと大げさに言うと哲学です。

周りにも、自分の信条（哲学）は伝えてあります。なので「あの人は将来後悔しないよう、今失敗してでも行動に移す」と知っています。

ぜひ、自分なりの信条を持つということを部下にも教えてください。

もし、信条や哲学がまだないとしたら、人や書物から学んで自分の気に入ったものを持たせることです。そして、それを周りにも伝えることです。

これがあるだけで「この人の言うことはぶれない」と周りが信頼し、尊敬するようになります。

信頼されると部下は一層伸びていきます。信頼を裏切らないようにと頑張るのです。

ぜひ、部下と飲んだときなどは、あなたの考え方や信条について教えてあげてください。

ぶれない人は、それなりの信条や哲学を持っているものだと、見本を見せてあげてほしいのです。

14

「会社方針」からぶれない

仕事の方向性に迷ったときの「判断基準」とは？

目先の仕事に追われていると、ときに大きな方向性を見失うことがあります。

出港するとき、南の小島が目標であることは知っていても、櫓を漕ぐことに忙しいと、それが目標になってしまうことがよくあります。ましてや、強風や高波に出くわすと、その対応で手一杯になってしまうものです。

目標の方向性を見失う前に、しっかり軌道修正ができるか。

これは仕事においても大事なことです。

部下には、「迷ったらまず会社方針・部署方針を思い出し、それに従うこと」と教えましょう。本来、会社理念や会社方針、さらに部署方針や個人目標は、太い一本の線でつながっているべきことだからです。

ですから、会社方針や部署方針どおりに進めることが、結果としてぶれない仕事ができるのです。

ときに部下はこのことを忘れ、目先の仕事を追いかけ、それが目標であると勘違いしてしまったりします。

たとえば、2つの新規案件があるとしましょう。

1つは500万円の仕事、もう1つは300万円の仕事だったとします。500万円の仕事は、会社方針や部署方針とは違う路線の仕事。300万円の仕事は、部署方針とぴったりの仕事。限られた経営資源（人、モノ、金）の中でどちらをとりますか？

答えは、後者です。

理由は、**方針に沿った仕事を積み上げていくことが中長期的な成功をもたらす**からです。

前者に大きな魅力を感じていても、飛びつく前に、部署の方針として取り込むべきかどうか、内部でしっかり話し合う必要があります。目先の事柄に振り回されるのはよくありません。

大きな目標を見失わないために、悩んだり困ったりしたら会社方針・部署方針を思い出し、それに従うこと。これを部下に徹底しておく必要があります。特に、新しいことに取り組む部下が陥りやすいところなので、しっかり教えておきましょう。

15 大きく羽ばたかせる

「小さな完成人」より「大きな未完成人」

マネジメントで有名なピーター・ドラッカーは、リーダーの仕事についても言及しています。「リーダーの仕事とは目標を明確にして成果を出すこと」「目標を達成したら、リーダーは次の目標を作れ」と。

ひとつのことができると次の目標に向かっていかなければいけません。小さな成功で満足していてはいけないのです。

これは、リーダーだけでなく、部下にも言えることです。

「目標を達成したら、次の目標を作れ」。それが成長を加速させる秘策なのです。

私は、友人の起業家たちに、日本の中に留まることなく世界を相手にせよと声援を送っています。グローバル化の波が日本に押し寄せてきていると認識しているなら、日本発のグローバル化もあってしかるべきです。

社内もそうです。「これ以上もこれ以下の仕事もしない」という人がいます。自分の与えられた仕事はきっちりこなすのですが、それ以外のことは決してしようとしない。これでは、会社の成長も、ましてや個人の成長も望めません。

私はこのような人たちを、「箱の中に入っている人」と呼んでいます。男性にもいますが、圧倒的に女性に多くいます。小さな完成人です。

自分の与えられた仕事だけではなく、社内の別の仕事もすれば、スキルアップすることは間違いありません。だから、多くの会社では、異動をさせていろんな経験を積ませているのです。

目指すは、小さな完成人ではなく「大きな未完成人」です。

現状に留まることなく、次のステップへと進み、新たな自分を見つけていく。失敗してもいいから、「大きな未完成人」となることです。

部下には小さくまとまってしまうことなく、もっと大きな自分を作ることを教えてやってください。

これが部下をさらに成長させるために必要なことなのです。

16 「一生の友達」となる

30年後も一緒に飲みに行けるような関係を築こう

最後に、自分が教える部下とは、一生付き合える友達となれる可能性が非常に高いことを覚えておいてください。

私も、昔上司だった方と今でもワリカンで飲みに行きます。出会ってかれこれ30年以上経ちますが、これからもこの関係性はずっと続いていくと思います。その当時は、上司と部下というそれぞれ別の立場にいましたが、今ではいい友達です。私は、この出会いに本当に感謝しています。

人類が始まって30万年ぐらいかと思いますが、21世紀に同じ地域で暮らしているのは偶然です。ましてや、同じ職場に居合わせるなどは、奇跡みたいなものです。

教える側と教えられる側の違いこそありますが、これは人と人とが知り合える数少ない機会です。

若い人は、これから多くの人に出会え、多くの経験ができると思っていますが、人生で出会える人の数などたかが知れているのです。私も、それに長い間気がついていませんでした。

ツイッターで何万人のフォロワーがいても、フェイスブックで最大値５０００人の友達がいても、本当に友達と言える人はいったい何人いるでしょうか。誰しもたった70～80年しか生きることができないのに、５０００人もの本当の友達がいるなどありえません。

お互い退職しても、ワリカンで飲みたいと思う上司や部下はそうはいないのです。

それは、そこまで深く知り合える機会がないからです。つまり、**上司・部下として教え合えるというのは、非常にまれで貴重な機会**なのです。その奇跡を感じて、大切にすることです。

かならずしも一生の友達になれるとは言い切れませんが、一生の友達の候補者であることは間違いありません。

「一期一会」まさにそういう機会であることを感じてください。

部下教育は、古今東西を問わず我々の課題であり、テクニックだけですべてをごまかせるものではありません。心底付き合い、10年後、20年後、さらには30年後にも一緒に飲みに行けるような関係を部下と築いてください。

〈著者紹介〉

古川裕倫（ふるかわ・ひろのり）

1954年生まれ。早稲田大学商学部卒業。1977年三井物産株式会社に入社し、エネルギー本部、情報産業本部、業務本部投資総括室で23年間勤務。その間、ロサンゼルス、ニューヨークに通算10年駐在。2000年から2007年まで株式会社ホリプロの取締役を務める。

現在、株式会社多久案代表、日本駐車場開発株式会社社外取締役、情報技術開発株式会社社外取締役。「先人・先輩の教えを後世に順送りする」「日本と世界の小さな架け橋になる」を信条に、塾長として「世田谷ビジネス塾」（無料読書会＋交流会）を定期的に開催している。

著書に『他社から引き抜かれる社員になれ』（ファーストプレス）、『課長のノート』（かんき出版）、『「バカ上司」その傾向と対策』（集英社新書）、『一生働く覚悟を決めた女性たちへ』（扶桑社新書）、『20代に知っておくべき失敗を成功に変える生き方』『入社10年後に活躍できる人、できない人』（以上プレジデント社）、『日本で仕事がなくなってもグローバル企業で働ける人になる本』（共著、中経出版）など多数。

公式ウェブサイト（講演・研修問い合わせ）：http://www.taku-an.co.jp
フェイスブック：http://www.facebook.com/FurukawaHironori
世田谷ビジネス塾（参加者歓迎）：http://www.facebook.com/groups/setagaya.biz.juku

コーチング以前の上司の常識　「教え方」の教科書

2012年 7月14日　　第1刷発行
2012年12月19日　　第5刷発行

著　者——古川裕倫
発行者——徳留慶太郎
発行所——株式会社すばる舎
東京都豊島区東池袋3-9-7 東池袋織本ビル　〒170-0013
TEL　03-3981-8651（代表）　03-3981-0767（営業部）
振替　00140-7-116563
http://www.subarusya.jp/
印　刷——中央精版印刷株式会社

落丁・乱丁本はお取り替えいたします

ISBN978-4-7991-0158-2 C0030